# LA
# SATYRE DES SATYRES

### ET LA

## CRITIQUE DÉSINTÉRESSÉE

#### SUR LES SATYRES DU TEMPS

## PARIS

*Nouvelle Collection Moliéresque*

M DCCC LXXXIII

NOUVELLE COLLECTION MOLIÉRESQUE

XII

# LA SATYRE DES SATYRES

ET

# LA CRITIQUE DÉSINTÉRESSÉE

# TIRAGE

300 exemplaires sur papier vergé (Nos 41 à 340).
20 — sur papier de Chine (Nos 1 à 20).
20 — sur papier Whatman (Nos 21 à 40).

340 exemplaires numérotés.

No

# LA

# SATYRE DES SATYRES

ET LA

## CRITIQUE DÉSINTÉRESSÉE

SUR LES SATYRES DU TEMPS

PAR L'ABBÉ COTIN

AVEC UNE NOTICE

PAR

LE BIBLIOPHILE JACOB

PARIS

*LIBRAIRIE DES BIBLIOPHILES*

Rue Saint-Honoré, 338

—

M DCCC LXXXIII

# PRÉFACE

C'EST *pour répondre au désir manifesté par quelques moliéristes que je réimprime ces deux Satires de l'abbé Cotin, qui sont à peu près inconnues et dont il serait impossible de se procurer les éditions originales, même en offrant de les acquérir au plus haut prix. Nous ne croyons pas qu'elles aient jamais passé en vente publique, puisque Brunet ne les cite pas dans son* MANUEL DU LIBRAIRE, *et les biographes ne font mention que de la seconde satire :* LA CRITIQUE DÉSINTÉRESSÉE SUR LES SATYRES DU TEMPS (*Paris,* 1666, *in-8). On ne connaît bien, à vrai dire, de l'abbé Cotin, que la* MÉNAGERIE (*La Haye, Pierre du Bois,* 1666, *pet. in-12, édition elzévirienne), satire contre Ménage, dont il y a plusieurs éditions hollandaises.*

*Nous ne croyons pas que la* SATYRE DES SATYRES

existe dans aucune autre bibliothèque publique
que celle de l'Arsenal. Cette pièce, imprimée
secrètement à Paris, en 1666, comme le prouvent
l'examen des caractères italiques de l'impression
et le fleuron qui figure en tête de la page 3, forme
12 pages petit in-8, sans nom de lieu ni de
libraire. C'est une réponse très violente, en vers, à
la sortie assez dédaigneuse que Boileau avait faite,
dans sa troisième satire, contre l'abbé Cotin et ses
sermons. On sait que le pâtissier Mignot, ayant
à se venger de Boileau, qui l'avait traité d'empoisonneur, fit imprimer à ses frais la Satire de
Cotin, qu'il distribuait au public, en se servant
de l'imprimé pour envelopper ses biscuits. On
ne s'explique pas comment cette Satire est aussi
rare et aussi inconnue, puisqu'elle fut répandue
de la sorte à grand nombre d'exemplaires.

Molière ne se vengea de l'abbé Cotin qu'en
1672, lorsqu'il le mit en scène, sous le nom de
Trissotin, dans la comédie des FEMMES SAVANTES.
C'était là un fait établi par l'histoire et générale-
ment tenu pour incontestable; mais, comme
on n'avait qu'une idée vague de la SATYRE DES
SATYRES, on ignorait absolument pourquoi Molière avait maltraité si cruellement le pauvre
abbé Cotin. Les moliéristes, qui ont, depuis cinq
ans, dans la Revue LE MOLIÉRISTE, que publie
M. Georges Monval, un organe très autorisé et
très apprécié, se sont occupés de bien constater,

dans différents articles de cette Revue, que l'abbé
Cotin avait commencé le premier à se déchaîner
contre Molière, non seulement dans la SATYRE
DES SATYRES, mais encore dans la CRITIQUE DÉSIN-
TÉRESSÉE, qui n'est que le corollaire en prose de
la Satire en vers.

Un érudit, un lettré, est alors intervenu dans
la question, sous le pseudonyme d'Un Provincial, pour essayer de contester la plupart des
faits et des inductions que les moliéristes avaient
mis en lumière, au sujet de cette longue querelle
entre Molière et l'abbé Cotin. Ce dernier, il est vrai,
n'avait pas eu d'abord de grief personnel contre
Molière, si ce n'est peut-être quelques railleries
piquantes, que celui-ci, ami de Boileau, ne s'était
pas fait faute de lancer, de vive voix, sur le
poète et prédicateur, que les Satires de Boileau
n'épargnaient pas. On a remarqué pourtant que
l'abbé Cotin semble avoir pris parti contre
Molière, dans un passage de la MÉNAGERIE, mais
ce passage n'a rien d'agressif. Ce n'est qu'une
boutade de mauvaise humeur, qui donnerait à
penser que le fameux madrigal de Mascarille,
dans les PRÉCIEUSES RIDICULES, était de Cotin.

Quoi qu'il en soit, notre Provincial s'obstina
plus que de raison à vouloir justifier Cotin,
en accusant de suppositions malencontreuses les
moliéristes, qui avaient avancé que la SATYRE
DES SATYRES était de Cotin et ne pouvait être

*que de lui, ainsi que la* CRITIQUE DÉSINTÉRESSÉE.
*MM. Monval, Marnicouche et d'autres soutin-
rent la thèse que j'avais débattue le premier et
que je croyais avoir appuyée de preuves histo-
riques, sinon de documents incontestables. Le
Provincial ne se rendait pas et persistait à se faire
le champion de Cotin, qu'il déclarait innocent
des deux Satires anonymes qui avaient motivé les
représailles de la comédie des* FEMMES SAVANTES.

*Il fallut mettre fin à un débat qu'on n'avait que
trop prolongé; comme c'était moi que le Provincial avait surtout mis en cause, ce fut moi qui
me chargeai de répondre, pour tout le monde, au
Provincial. Voici donc ma Réponse, qui servira
de préface à la réimpression des deux Satires de
l'abbé Cotin.*

# RÉPONSE

### AUX

## QUESTIONS D'UN PROVINCIAL

C'est sous ce titre que Bayle a rassemblé dans un
livre (*Rotterdam, Renier Leers,* 1704, 5 vol. in-12)
l'*Abrégé de diverses lettres* qu'il avait écrites en réponse aux critiques qui lui furent adressées au sujet
de son grand *Dictionnaire historique et critique.* Je

donnerai le même titre à cette Réponse, très abrégée et très sommaire, aux observations plus ou moins hypothétiques qui m'ont été faites par un terrible ennemi de l'hypothèse en matière d'histoire et d'érudition, au sujet de mon opinion sur la querelle littéraire de l'abbé Cotin avec Boileau et Molière.

Je réponds à un anonyme, qui s'est intitulé lui-même : UN PROVINCIAL, et qui m'est resté absolument inconnu; je suis donc bien à l'aise pour protester d'abord de toutes mes forces contre une habitude, un parti pris d'hypothèses *répétées* et *fatigantes*, qu'on prétend avoir découvertes dans tout ce que j'ai écrit relativement à Molière. On me permettra de me justifier d'une accusation aussi mal fondée. L'hypothèse, de la part d'un ignorant, n'est qu'un témoignage plus affirmatif de son ignorance; de la part d'un homme qui a bien étudié son sujet et qui le possède à fond, l'hypothèse est toujours un pas en avant dans la théorie de la probabilité. Une hypothèse *a priori* est sans valeur, lors même qu'elle n'est pas fausse et ridicule; une hypothèse *a fortiori* s'appuie sur des faits et ressort de documents acquis. J'ai donc pu dire avec toute apparence de raison : « IL EST A PRÉSUMER que Cotin n'avait pas ménagé Molière dans un des sermons qui attiraient en foule la société précieuse et les gens de cour. » Je le dirais encore, avec la même assurance, en me fondant sur les mêmes inductions, sur les mêmes raisonnements. Ces sermons n'ont jamais été imprimés; il n'en existe pas de manuscrit dans les bibliothèques publiques; le hasard seul pourrait en faire découvrir quelques citations dans un ouvrage contemporain. Mais nous savons combien Cotin était rancunier, vindicatif, irascible; il n'entendait pas raillerie, quand un satirique s'en prenait à un prédicateur, et, Boileau ayant osé dire, dans sa satire IV, que la Raison ressemble à un pédant

> Qui toujours nous gourmande, et, loin de nous toucher,
> Souvent, comme Joly, perd son temps à prêcher,

Cotin s'écrie avec indignation, dans la *Critique désintéressée sur les Satyres du temps :*
« Ne diroit-on pas qu'il parle de Jodelet? Cependant il parle de l'orateur chrétien (Joly); il parle du curé de Saint-Nicolas jadis et maintenant évêque d'Agen ! » Cotin n'était pas et ne fut pas évêque, mais il était aumônier du Roi, lorsque le Satirique osait dire qu'il fallait, dans un festin, être assis plus au large

> Qu'aux sermons de Cassagne et de l'abbé Cotin.

Telle fut la misérable origine de la colère, du ressentiment et de la haine de Cotin contre Boileau.

N'est-il pas probable que Cotin, une fois engagé dans une querelle implacable avec Boileau et ses amis, par conséquent avec Molière, dès l'année 1666, se soit autorisé de l'usage des prédicateurs, qui conservaient en chaire toute leur personnalité, pour mettre ses auditeurs au courant de sa furieuse guerre contre le Satirique? Ce fut vers cette époque qu'il quitta la prédication et se remit à rimer,

car, dit Richelet (dans ses *Particularités de la vie
des Auteurs françois*), « il vit qu'on étoit toujours
assis au large à ses sermons et qu'il se fatiguoit
inutilement ». Il revint cependant, et plus d'une
fois, à ses prédications, dans différentes paroisses de
Paris, et l'on a donc tout lieu de croire, connaissant
son caractère et ses procédés batailleurs, qu'il ne
laissa pas ignorer à ses auditeurs sa lutte contre
deux mécréants, le *sieur des Vipereaux*, comme il
appelait Boileau Des Préaux, et le *farceur* impie
Molière. « J'ay oüy prescher l'abbé Cotin, raconte
Perrault (dans son *Parallèle des Anciens et des Mo-
dernes*), mais je puis vous asseurer que j'ay esté
fort pressé à son sermon; c'estoit aux Nouvelles
Catholiques de la rue Sainte-Avoye, où il satisfit
extrêmement son auditoire. » La dernière fois qu'il
remonta en chaire, il était vieux, peut-être âgé de
soixante-douze ans; il fallait sans doute un motif
bien impérieux pour lui faire oublier son grand
âge, la faiblesse de sa voix, et son renoncement à la
prédication depuis plusieurs années; il prêcha encore au mois de mars 1672 [1], et, le 12 mars de cette
année-là, les *Femmes savantes* avaient été jouées pour
la première fois au théâtre du Palais-Royal. Je
laisse à mon cher Provincial le soin de tirer de là
une très bonne hypothèse.

Je vais à présent essayer de démontrer que le
Provincial du *Moliériste* est aussi porté que moi
aux hypothèses, et, ce me semble, moins excu-
sable.

---

1. Voyez le premier *Mercure galant*, publié par de Vizé.

Le Provincial m'a demandé de lui signaler un
seul des sermons de Cotin qui ait fait allusion à
Molière. Je n'ai pu que lui rappeler les sermons
prêchés en mars 1672, pendant qu'on représentait
au Palais-Royal la dispute de Trissotin et de Va-
dius, dans les *Femmes savantes*.

Le Provincial m'a prié de lui citer une seule
*plainte* de Cotin contre Molière. M. E. Marnicouche
a déjà répondu pour moi très gracieusement, en
citant cinq passages de la *Satyre des Satyres* dans
lesquels Molière est nommé de la manière la plus
insultante; mais il ne s'est pas arrêté sur l'injure
faite à la femme ou à la belle-sœur de Molière :

A ses vers empruntez la Béjard applaudit:

et il a négligé d'extraire deux vers qui taxent
Molière d'impiété, en accusant Boileau d'être complice de l'auteur du *Festin de pierre :*

O docteur sans pareil ! ô protecteur des loix,
Et sans qui la vertu se verroit aux abois !
Il faut, comme à l'unique en piété sur terre,
Inviter vostre Muse au grand *Festin de pierre.*

Je fais aussi une réserve pour le fameux passage
dans lequel Boileau lui-même est mis à la place de
Collectet *sans argent, crotté jusqu'à l'échine,* et

S'en va chercher son pain de cuisine en cuisine :
Son Turlupin l'assiste...

Est-ce Molière? comme l'a supposé Taschereau.

Est-ce Boileau-Puymorin, le contrôleur des finances? comme Édouard Fournier a voulu le prouver. Nous n'osons pas encore accoucher ici d'une hypothèse, mais le nom de *Turlupin*, que Cotin a changé en *Frantaupin* dans la *Critique désintéressée*, nous offre matière à réfléchir. Nous y reviendrons. Disons seulement que Puymorin n'est pas nommé par Chapelle au nombre des convives du cabaret de la *Croix de fer,* où trônait Molière.

Le Provincial nous apprend qu' « il n'est pas du tout prouvé que Cotin, *ami de Gilles Boileau,* fût *ennemi* de Boileau-Puymorin ». On sait que Boileau-Despréaux, qui était brouillé avec Gilles Boileau, se rapprocha de lui, et qu'ils restèrent depuis réconciliés. Il n'en fut pas de même de Boileau-Puymorin, qui, en se brouillant avec son frère Despréaux, devint un des séides de Cotin. « Ses amis, dit Richelet dans sa notice, furent d'Ablancourt, Contart, Chapelain, Boileau le contrôleur. »

Le Provincial insiste pour qu'on lui indique un motif bien authentique des colères de Molière contre Cotin. Molière était et fut constamment le meilleur ami de Boileau. Est-ce faire une hypothèse bien aventurée que de regarder cette inviolable amitié comme un motif suffisant pour dire à Cotin son fait en plein théâtre? En outre, Molière avait trop de goût et trop de jugement pour ne pas s'indigner du succès qu'on faisait aux *Poésies galantes* de Cotin. Voilà pourquoi, dans les *Femmes savantes,* il s'est moqué si plaisamment du *Sonnet à la princesse Uranie sur sa fièvre* et du madrigal *sur un carrosse de couleur amarante,* pris l'un et l'autre

dans ces *Poésies galantes*. Ce fut le coup de grâce.
Cotin ne s'en releva pas.

Le Provincial fait plus qu'une hypothèse, c'est-
à-dire une étrange confusion, en disant que « Cotin
avait trouvé en Molière un auxiliaire contre les
*Précieuses* et contre Ménage ». Il ne se souvient pas
que Cotin était le favori des grandes, des *véritables*
précieuses, et qu'il n'avait rien à voir dans les *Précieuses ridicules* de Molière. De là une interpréta-
tion tout à fait erronée de ce passage de la *Ménagerie*
de Cotin (*La Haye, Pierre du Bois,* 1666, pet. in-12,
p. 3o): « Je pensois que toute la *Ménagerie* fût
achevée. On m'a averty qu'après les *Prétieuses,* on
doit jouer, au Petit-Bourbon, *Ménage hypercriti-
que, le Faux Sçavant* et *le Pédant coquet.* Vivat ! Les
comédiens ont mis dans leur affiche qu'il faudra
retenir des loges de bonne heure et que tout Paris
doit y estre, parce que toute sorte de gens, grands
et petits, mariez et non mariez, sont intéressez au
*Ménage.* Voilà une vraye pointe de gens de théâtre ! »
Où diantre le Provincial a-t-il vu que cette plai-
santerie annonçât une sorte d'entente entre Cotin
et Molière? Il est bon aussi de remarquer, en passant, que la *Ménagerie* a été composée en 1660,
puisque la troupe de Molière jouait encore dans la
salle du Petit-Bourbon, qu'elle fut obligée de quitter, vers le mois de septembre de cette même année, pour prendre possession de la salle du Palais-
Royal.

Le Provincial pousse un peu bien loin l'hypothèse,
en concluant « que Cotin n'est point l'auteur de la
Satyre qui lui a été attribuée ». En effet, on n'a pas

trouvé cette Satire citée dans l'*Histoire de l'Académie
française*, continuée par l'abbé d'Olivet, ni dans
Moréri, édition définitive de 1759, où l'abbé Goujet
ne cite, parmi les ouvrages de Cotin, que la *Critique
désintéressée sur les Satyres du temps*. Le Provincial
triomphe et s'écrie, en s'adressant à M. Marnicouche : « Si vous me prouvez que l'attribution de la
Satyre à Cotin est fondée ; si, à la suite de la *Ménagerie*, vous trouvez la *Satyre des Satyres* dans
quelque catalogue contemporain, je suis bien forcé
de rendre les armes. »

C'est ici que je voudrais avoir à remplir un vo-
lume pareil à l'un de ceux de la *Réponse aux Ques-
tions d'un Provincial*, car il n'est plus possible de
mettre en ligne de bataille, puisque mon cher Provincial doit être *forcé de rendre les armes*, dix,
vingt, trente citations, dont quelques-unes sont
fort longues. Je me bornerai donc aux plus courtes,
qui sont les meilleures. Boileau, Boileau lui-même,
dans la dernière édition de ses Œuvres qu'il ait
revue en partie (*Paris, Esprit Billiot*, 1713, in-12),
a mis une note marginale à ces deux vers :

> Et que sert à Cotin la raison qui lui crie :
> « N'écris plus, guéris-toi d'une vaine furie ! »

Voici la note : « Il avoit écrit contre moi et contre Molière ; ce qui donna occasion à Molière de
faire les *Femmes savantes* et d'y tourner Cotin en
ridicule. » Les faiseurs d'hypothèses *a priori* ten-
teront peut-être de faire entendre que la *Satyre
des Satyres* n'est pas celle que Cotin avait composée, puisqu'il la critique assez habilement dans sa

*Critique désintéressée,* tout en y glissant des corrections d'auteur; mais le commentaire de Brossette, rédigé sous l'inspiration de Boileau, caractérise et désigne bien la *Satyre des Satyres,* en disant que ce fut Boursault qui la fit imprimer sur une copie manuscrite que l'auteur avait fait courir. Écoutons Brossette, comme si c'était Boileau lui-même :

« Fier et présomptueux, comme il étoit, Cotin ne put souffrir que son talent pour la chaire lui fût contesté. Pour s'en venger, il fit une mauvaise Satyre contre M. Despréaux, dans laquelle il lui reprochoit, comme un grand crime, d'avoir imité Horace et Juvénal (Voyez la *Satyre des Satyres*). Cotin ne s'en tint pas là : il publia un libelle en prose, intitulé : *la Critique désintéressée sur les Satyres du temps,* dans lequel il chargeoit notre auteur des injures les plus grossières, et lui imputoit des crimes imaginaires. Il s'avisa encore, malheureusement pour lui, de faire entrer Molière dans cette dispute, et ne l'épargna pas plus que M. Despréaux. Celui-ci ne s'en vengea que par de nouvelles railleries, comme on le verra dans les Satires suivantes ; mais Molière acheva de le ruiner de réputation en l'immolant, sur le théâtre, à la risée publique, dans la comédie des *Femmes savantes,* sous le nom de *Tricotin,* qu'il changea dans la suite en celui de *Trissotin* [1]. »

---

1. La comédie des *Femmes savantes* fut d'abord intitulée *Trissotin;* ce qui donnerait à penser que ce personnage y avait un rôle plus développé que celui que

Boileau, dans sa satire IX, prit la peine de se
défendre contre les odieuses imputations de la
*Satyre des Satyres* et de la *Critique désintéressée*,
en disant avec plus de dédain que de colère :

> Qui méprise Cotin n'estime point son Roi,
> Et n'a, selon Cotin, ni Dieu, ni foi, ni loi.

Et il explique ces deux vers par cette petite note, dans
la dernière édition de ses Œuvres (1713) : « Cotin,
dans un de ses écrits, m'accusoit d'être criminel de
lèze-majesté divine et humaine ! »

Nous regrettons de suspendre ici nos citations.

Le Provincial constate, enfin, que la *Satyre des
Satyres* est d'une rareté insigne, puisqu'on ne la
trouve décrite dans aucun catalogue, quoique le
pâtissier Mignot en ait répandu quantité d'exemplaires, avec lesquels il enveloppait ses biscuits.
Nous ne pensons pas que la Bibliothèque Nationale
possède un exemplaire de cette édition *princeps* et
subreptice, imprimée à Paris, sans nom d'impri-
meur, sans indication de lieu et sans date. On trouve
cependant, à notre grande Bibliothèque, sous le nu-
méro Y, 5093, un manuscrit du temps, in-12, qui

---

Molière lui a laissé. M^me de Sévigné dit, dans une lettre
datée de Livry, 9 mars 1672 : « Nous tâchons d'amuser
notre Cardinal (de Retz). Corneille lui a lu une comédie,
qui sera jouée dans quelque temps et qui fait souvenir
des anciennes. Molière lui lira samedi *Trissotin*, qui est
une fort plaisante pièce. » Cette pièce, représentée le
12 du même mois, est mentionnée aussi sous le titre de
*Trissotin* dans le Registre de Lagrange.

b

contient la *Satyre de Cotin contre Despréaux, et autres pièces contre le mesme, par Saint-Pavin, Quinault, Charpentier et de Briancourt.* Mais la Bibliothèque de l'Arsenal conserve, sous le n° 6916, B. L., *Despréaux, ou la Satyre des Satyres,* et *la Critique désintéressée sur les Satyres du temps*, éditions originales, l'une de 12 pages et l'autre de 63 pages in-8, réunies dans la même couverture de parchemin ; une main du XVII<sup>e</sup> siècle a écrit sur la garde de ce recueil : *Critique des ouvrages de M. Boileau-Despréaux, par le sieur Cotin.*

Enfin, on ne saurait mieux finir que par une hypothèse : l'exemplaire de la *Satyre des Satyres* présente encore la trace salie d'une pliure, qui semble annoncer que la feuille a servi d'enveloppe aux biscuits du pâtissier Mignot, qualifié d'*empoisonneur* dans les Satires de Boileau.

P. L. Jacob, *bibliophile.*

# LA SATYRE DES SATYRES

ET

## LA CRITIQUE DÉSINTÉRESSÉE

# DESPREAUX

## OU

## LA SATYRE DES SATYRES

FAVORY de Pallas (quelque nom qu'on luy donne,
Ou celuy de Minerve ou celuy de Bellonne),
Saint-Aignan, dont l'épée et la plume à son tour
Ont avecque le Roy ravy toute la Cour ;
Toy qui sçais quel je suis, et quel est mon genie ;
Toy qui m'as veu souvent en bonne compagnie,
Et ne m'as jamais veu m'entretenir d'autruy
Qu'à dessein d'approuver le bien qu'on dit de luy ;
A peine pourras-tu, lisant cette Satyre,
Deviner que c'est moy qui viens de te l'écrire.
Son aigreur est si fort contraire à mon humeur
Que, craignant ses transports, je crains d'estre rimeur ;
On ne m'a jamais veu d'un esprit incommode :

Je permets que chacun se gouverne à sa mode ;
Dans ce qu'un autre fait je prens peu d'interest,
Et laisse volontiers le monde comme il est.
De tout ce que je voy j'ay l'ame satisfaite ;
J'ay veu de mauvais vers sans blâmer le poëte ;
J'ay leu ceux de Moliere, et ne l'ay point sifflé,
Et j'espargne la Serre avec son stile enflé.
J'ay, dès mes jeunes ans, tousjours fait mon possible
Pour conserver en moy ce naturel paisible.
Cependant, ô grand Duc, le moyen d'endurer
Ce qu'on fait à present, et n'en pas murmurer ?
Mon inclination me deffendoit d'écrire,
Mais le cadet Boisleau me force à la satyre :
Luy, qu'on ne void jamais dans le sacré vallon,
Veut trancher du Phebus et faire l'Apollon [1] ;
Luy, que l'on ne connoist qu'à cause de son frere,
Luy, comme il dit luy-mesme, accablé de misere,
Et qui, n'estant vestu que de simple bureau,
Passe l'esté sans linge et l'hyver sans manteau ;
Ce malheureux, sans nom, sans merite et sans grace,
Se place en conquerant au sommet du Parnasse :
Il descend de la nuë, et, la foudre à la main,
Tonne sur Charpentier, tonne sur Chapelain ;
Puis, donnant à ses vers une digne matiere,
Comme un de ses heros il encense Moliere.
Que s'il ne me tient pas pour un original,

---

1. *Sat.*, I.

Je n'ay pas, comme luy, copié Juvenal;
Je n'ay pas, comme luy, pour faire une satyre,
Pillé dans les autheurs ce que j'avois à dire :
Sçachant l'art de placer chaque chose en son lieu,
Je ne puis d'un farceur me faire un demy-dieu ;
D'un chantre du Pont-Neuf je fais peu mon Virgile,
Et le *Roman bourgeois* ne regle pas mon stile.
Enfin, pour attaquer ce qu'on fait aujourd'huy,
Horace et Martial m'ont moins presté qu'à luy.
Je n'ay point avec eux eu si lâche commerce,
Je n'ay jamais traduit les Satyres de Perse ;
Et, si je voulois faire un compliment au Roy,
Je luy dirois au moins quelque chose de moy.
Qu'on ne m'accuse point de caprice ou de haine !
La simple verité coule avecque ma veine :
Je dis mon sentiment, je ne suis point menteur,
J'appelle Horace Horace, et Boisleau traducteur.
Si vous voulez sçavoir la maniere de l'homme,
Il applique à Paris ce qu'il a leu de Rome ;
Ce qu'il dit en françois, il le doit au latin ;
Il ne fait pas un vers qu'il ne fasse un larcin :
Si le bon Juvenal estoit mort sans écrire,
Le malin Despreaux n'eust point fait de satyre,
Et, s'il ne disoit rien que ce qui vient de luy,
Il ne pourroit jamais rien dire contre autruy.
Que faire à tout cela? Chacun a son genie,
Un fou veut critiquer, et c'est là sa manie.
Chaque fat a son sens, qui par tout le conduit ;

Horace invente bien : Despreaux le traduit.
Tout poëte icy-bas rit de son camarade,
Boisleau rit de Scarron, Scarron de Benserade :
  Quelques heures devant qu'Herbin fust aux congrez,
  Il rioit hardiment du malheur de Langez.
  Le sage est bien souvent berné d'un frenetique,
  Et le peuple grossier blâme un grand politique.
  Celuy qui mot à mot traduit un livre entier
  Censure impunément Quinaut et Pelletier ;
  Quant il vient à nommer un galant de nostre âge,
  Sa rime sans raison lui presente Menage,
  Et, comme si l'esprit n'estoit fait que pour iuy,
Il veut censurer tout ce qu'on fait aujourd'huy.
  Il croit, sans espargner la majesté supresme,
  Que le Roy, d'un autheur, juge peu par luy-mesme.
  « Quoy qu'il aille tirer Phebus de l'hospital
  « Et réparer du sort l'aveuglement fatal,
  « Que peut-on esperer d'un monarque si juste [1],
  « Et, sans un Mecenas, à quoy sert un Auguste,
  « Puis qu'on n'emporte à peine, en suivant les neuf Sœurs,
  « Qu'un laurier chymerique et de maigres honneurs [2] ?»
  Triomphant à souhait dans une autre satyre,
Il se fait à son Prince égal comme de cire.
  « Quand ton bras, ô Louis, des peuples redouté [3],

---

1. *Sat.*, I.
2. *Sat.*, I.
3. *Disc. au Roy.*

« Va, la foudre à la main, restablir l'equité,
« Et retient les méchans par la peur des supplices,
« Moy, la plume à la main, je gourmande les vices »,
Tant cet audacieux mesle mal à propos
Les louanges d'un fat à celles d'un héros[1] !
« Un poëte, dit-il, fut jadis à la mode ;
« Mais aujourd'huy des fous c'est le plus incommode[2] ;
« Et l'esprit le plus beau, l'autheur le plus poly,
« Ne parviendra jamais au sort de l'Angely.
« Paris n'est que pour ceux dont l'adresse funeste
« Nous a fait plus de maux que la guerre et la peste ;
« A la cour, la vertu n'a plus ny feu ny lieu,
« Et le roy des sçavans se voit maudit de Dieu. »
Despreaux, sans argent, crotté jusqu'à l'eschine,
S'en va chercher son pain de cuisine en cuisine :
Son Turlupin l'assiste, et, joüant de son nez,
Chez le sot campagnard gagne de bons disnez :
Despreaux à ce jeu répond par sa grimace,
Et fait, en basteleur, cent tours de passe-passe ;
Puis ensuite, enyvrez et du bruit et du vin,
L'un sur l'autre tombant, renversent le festin.
On les promet tous deux quand on fait chere entiere,
Ainsi que l'on promet et *Tartuffe* et Moliere ;
Il n'est comte danois, ny baron allemand,
Qui n'ait à ses repas un couple si charmant,

---

1. *Disc. au Roy.*
2. *Sat.*, I.

I.

Et, dans la Croix de fer, eux seuls en valent mille
Pour faire aux estrangers l'honneur de cette ville ;
Ils ne se quittent point. O Dieu ! quelle amitié !
Et que leur mauvais sort est digne de pitié !
Ce couple si divin par les tables mandie,
Et, pour vivre, aux Costaux donne la comedie :
« Tandis que dans Paris le Vice, en souverain,
« Marche, la mitre en teste et la crosse à la main. »
    *D.* Doucement !

        *R.* C'est ainsi que Despreaux revere
Des plus dignes prelats la sagesse exemplaire,
A qui le Ciel commet le salut des mortels,
Et qui veillent pour eux au pied de nos autels.
Si l'on croit ce Censeur, lorsque tout est tranquille,
« Les voleurs, à l'instant, s'emparent de la ville ;
« Le bois le plus funeste et le moins frequenté
« Est au prix de Paris un lieu de seureté [1].
« Le chemin aujourd'huy par qui chacun s'eleve
« Fut le chemin jadis qui menoit à la Greve ;
« Et Mouleron ne doit qu'à ses crimes divers
« Ses superbes lambris, ses jardins toûjours verds [2]. »
Despreaux ainsi loûë et bénit cet empire :
Où le crime est puny, l'innocence respire.
« Ce fou, d'un siecle d'or, fait un siecle de fer,
« Où du plus bas pedant on fait un duc et pair ;

---

1. *Sat.*, VI.
2. *Sat.*, I.

« Où, dans le temps qui court, un cœur lâche et servile
« Trouve seul chez les Grands un esclavage utile,
« Lors qu'il est leur complice et qu'instruit de leurs tours
« Il les tient en estat de le craindre toujours. »
     D. Il se pique pourtant d'une belle morale?
     R. Escoutons ce Docteur instruisant sa cabale,
Luy seul va redresser nostre siecle tortu,
Et par tout restablir l'honneur et la vertu.
Voicy comme il s'y prend. « Enfin il faut le dire[1],
« Souvent de tous nos maux la raison est le pire;
« C'est elle qui, farouche au milieu des plaisirs,
« D'un remors importun vient brider nos desirs :
« La fâcheuse a pour nous des rigueurs sans pareilles,
« C'est un pedant qu'on a sans cesse à ses oreilles,
« Qui toûjours nous gourmande, et, loin de nous toucher,
« Souvent, comme Joly, perd son temps à prêcher :
« En vain certains rêveurs nous l'habillent en reyne,
« Veulent sur tous nos sens la rendre souveraine,
« Et, s'en formant en terre une divinité,
« Pensent aller par elle à la felicité :
« C'est elle, disent-ils, qui nous montre à bien vivre.
« Ces discours, il est vray, sont fort beaux dans un livre. »
O docteur sans pareil! ô protecteur des loix,
Et sans qui la vertu se verroit aux abois !
Il faut, comme à l'unique en piété sur terre,
Inviter vostre muse au grand *Festin de Pierre;*

---

1. *Sat.*, IV.

Le Marais en convient, et dit sans passion
Qu'un tel effort d'esprit merite pension.
Lieux d'honneur, cabarets dont il est amphibie,
Reglez sur ce pied-là le cours de vostre vie;
Et Priape, et Bacchus, dont vous faites vos dieux,
S'ils venoient nous prêcher, ne prêcheroient pas mieux.
Quelquefois, emporté des vapeurs de sa bile,
Sans respecter les Cieux, sans croire à l'Evangile,
Afin de debiter des blasphèmes nouveaux,
De son profond sommeil il tire Des Barreaux,
« Qui fait de l'intrepide, et, tremblant de foiblesse,
« Attend, pour croire en Dieu, que la fièvre le presse,
« Et, riant hors de là du sentiment commun,
« Presche que trois font trois, et ne font jamais un [1]. »
Quel Estat peut souffrir une telle insolence?
Sous un Roy si chrestien, qu'en peut dire la France?
Theophile jamais n'a dit ce méchant mot,
Et s'il paya ses vers de deux ans de cachot.
Voila ce Despreaux : luy, que l'enfer estonne [2],
Ne croit jamais en Dieu, si ce n'est quand il tonne;
Sans cela, Parlement, Ville, Cour et Clergé,
N'échappent point des traits de ce fol enragé.
    D. Parlement?
            R. Pour Boisleau, « c'est un païs barbare [3]

---

1. *Sat.*, I.
2. *Sat.*, II.
3. *Sat.*, I.

190 « Où son esprit se perd, où sa raison s'égare,
« Où l'on void tous les jours l'innocence aux abois
« Errer dans les détours d'un dedale de loix,
« Et, dans l'amas confus des chicanes énormes [1],
« Ce qui fut blanc au fonds, rendu noir par les formes.»
   *D.* Cela me semble fort, et ce trait est hardy :
Eh! qu'en dira Themis au premier mercredy ?
Assez mal-à-propos Despreaux se decouvre.
   *R.* Despreaux a, dit-il, des protecteurs au Louvre,
Et ce fameux autheur, qui passe l'Aretin,
200 Se debite en plein jour, au Palais, chez Barbin ;
Les beaux vers ont trouvé, quoy qu'on en puisse dire,
« Un marchand pour les vendre, et des fous pour les lire ».
   *D.* On y voit des endroits heureusement touchez.
J'y trouve de l'esprit, et des beaux vers cachez ;
Il exhale en bons mots les vapeurs de sa bile :
C'est ainsi que parloit Horace après Lucile [2],
Et, vangeant la vertu par des traits éclatans,
Ostoit ainsi le masque aux vices de son temps.
   *R.* Nostre homme, infatué de sa façon d'écrire,
210 A ce compte n'est pas si prés de se dédire :
S'offense qui voudra, rien ne peut l'allarmer ;
Il n'a que ce moyen de se faire estimer.
Les plus noires vapeurs de sa mélancholie
Sont, au moins à ses yeux, une illustre folie ;

---

1. *Sat.*, I.
2. *Sat.*, VII.

A ses vers empruntez la Béjar applaudit.
Il regne sur Parnasse, et Moliere l'a dit.

## ORACLE

Le destin de ces frenetiques
Que l'on appelle Satyriques,
C'est de mourir le cou cassé,
Et vivre le coude percé.

*Hæc a te non multum abludit imago.*

(Hor.)

# LA
# CRITIQUE DES-INTERESSÉE

SUR LES

## SATYRES DU TEMPS

------

### PREMIÈRE PARTIE

L E discours que je fis dernierement de la Satyre, dans le petit hostel de Suilly, chez un duc et pair de la province Armorique, a donné occasion à quelques-uns de me demander mon avis sur les Satyres du temps.

Si cette demande ne regardoit que le jeune Censeur du Palais, ou celuy qui s'est érigé en

censeur du Censeur mesme, le peu d'inclination que j'ay à reprendre, si ce n'est mes
propres defauts, m'auroit osté la pensée d'é-
crire de l'un et de l'autre. Je les aurois lais-
sés s'applaudir également à eux-mesmes : l'un
pour s'estre mis en teste de satyriser tout le
genre humain, sans y estre autorisé par qui
que ce soit; l'autre pour avoir, à ce qu'il
croit, si bien vangé l'injure publique faite
en la personne des Prelats et des Ministres
de la justice, soit à la Religion, soit à
l'Estat.

Mais, parce que, sans entrer dans les inte-
rests particuliers qui les ont fait écrire tous
deux, il me semble qu'il y a moyen de profiter mesme de leurs fautes, et que rien ne
recommande tant la conduite des plus habiles
et des plus sages que l'adresse de sçavoir tirer
le bien du mal, j'ay pensé que certaines observations, que l'on pourroit faire sur les en-
treprises de ces nouveaux réformateurs sans
mission et sans caractere, ne déplairoient pas
à ceux qui cherchent plûtost leur instruction
que le vain applaudissement de la multitude.

A dire les choses comme elles le sont, ne
diroit-on pas qu'il faut estre d'une fort haute
naissance, d'une authorité encore plus grande,
d'une experience consommée, d'une reputation entiere, pour se hasarder genereusement de mettre la reforme partout, et pour se
persuader d'en pouvoir estre crû sur sa parole.
Quand cette reforme se fait selon la justice
et les loix, avec tout l'éclat et le poids de la
puissance royale, appuyée de raisons invin-
cibles et incontestables, le but d'une si extra-
ordinaire et si héroïque entreprise est la pro-
tection des innocens, le chastiment des
coupables, la seureté et la tranquillité publiques, la gloire et la reputation chez les
estrangers.

Que si les poëtes satyriques ne sont pas d'ordinaire d'une telle élevation, s'ils n'ont pas des
pretentions de cette force, ils sont du moins
assez bons et assez justes pour ne faire le
procez qu'aux vices et aux personne vitieuses.
Ils ne se déchaînent pas volontiers contre des
ames innocentes qui ont la voix et l'appro-
bation publique de leur costé; ils ne censu-

rent que les grands et les mauvais exemples.
Ce qui n'est ny fort élevé, ny fort dangereux
à la République, est indigne de leur censure.
Ils auroient honte de descendre du haut de
la Montagne sainte pour fondre sur des sol-
liciteurs d'affaires et des libraires du Pont-
Neuf, et pour achever de détruire ce qui est
tout détruit de soy-mesme. C'est profaner le
don des Muses, que de les employer à faire
mention de si peu de chose. La crasse et la
lie du peuple ne fait point de tort par son
exemple, puis que personne n'y jette les yeux,
si ce n'est pour la mépriser.

Les grands genies sont encore bien éloignez
de la basse malignité des ames foibles et am-
bitieuses, qui, ne pouvant soustenir l'éclat
des sçavans et des vertueux, s'estudient à les
déchirer; qui ne les décrient comme ils font
que par le désespoir qui les tüe de ne les pouvoir imiter. Un homme de grand merite
demeure en soy-mesme inviolable aux at-
teintes de la fortune. Il espère tousjours bien
de l'avenir et de la justice de son prince. Il
ne demande point compte aux dieux, ny de

leur conduite, ny de leurs bienfaits, n'ignorant pas qu'on n'a point veu encore la Science mandier son pain, à moins que le vice l'ait corrompüe, à moins que le vice l'ait avilie, *por ser mal conditionado, o por ser ignorante.*

Le Satyrique a beau dire que la fortune decide de tout, et que, pour passer pour beau, pour noble, pour sçavant, pour homme de cœur et d'esprit, il ne faut seulement qu'estre heureux : car, en vérité, la fortune ne fait rien toute seule, si elle n'est assistée de la prudence. Elle est aveugle et precipitée, si la Sagesse ne la conduit [1].

L'office de la Satyre n'est pas de parler mal de tout le monde indifferemment : sa charge est de reformer et de reprendre avec raison ; la Science et la Vertu lui sont des divinités inviolables. L'Envie a du fiel et du

---

1. *Felix, et pulcher, et acer,*
*Felix, et sapiens, et nobilis, et generosus,*
*Felix, .....orator quoque maximus, et si*
*Perfrixit, cantat bene.*

venin, la Satyre ne doit avoir tout au plus
que de l'indignation et de la colere contre le
crime. L'une se répand criminellement sur
les personnes les plus douces, les plus offi-
cieuses, les plus innocentes, parce que la
douceur et l'innocence de la vie luy repro-
chent la perversité de sa nature; l'autre s'ir-
rite injustement contre l'orgueil barbare des
nouveaux riches, contre les fortunes aveugles
et les prosperitez insensées. Je m'en rapporte
à Juvenal, je m'en rapporte à Horace, si mal
suivis, si mal entendus, si mal imitez.

*Si quis erat dignus describi, quod malus aut fur,*
*Quod mœchus foret, aut sicarius, aut alioqui*
*Famosus, multa cum libertate notabant* [1].

Telle est la maniere d'agir du bon satyrique : il ne s'éblouït pas de l'éclat de l'or et
des richesses; il sçait au goust d'Auguste et
de Mecenas railler la bonne et mauvaise chere
d'un avare ambitieux, qu'il ne peut mieux
punir à sa table qu'en n'y mangeant point.

---

1. Hor., *Sat.*, I, IV.

Il laisse là le campagnard dans sa basse court
avec ses dindons : il ne luy fait point servir
d'alloüetes au mois de juin, et ne force point
la nature. La plus agréable Satyre de Juvenal
est celle où il raille l'Empereur d'avoir extra-
ordinairement assemblé le Senat pour sçavoir
à quelle sauce on doit manger un grand tur-
bot. Horace prend droit de faire connoistre,
en raillant, sans chagrin et sans effort, à un
jeune seigneur romain perdu de luxe et de
débauche, que son valet Davus vaut mieux
que luy. Ce valet (ah Dieu! quelle honte!) est
plus homme de bien dans les Satyres d'Horace que le Censeur moderne dans ses propres
Satyres. Il n'offence ny l'empereur, ny la re=
ligion, ny ses dieux.

Ailleurs encore, un autre valet, seulement
pour avoir fait connoissance avec le portier
d'un philosophe, a conçu je ne sçay quoy de
grand et de sublime de la vertu. Il prouve
par sa vie reglée que la licence de mal faire
n'est pas la vraye liberté, et qu'il y a d'autres
plaisirs que ceux des sens.

Il n'auroit donc eu garde de se déchaîner

2,

contre la raison qui en reprime la violence.

Certainement, s'eriger en censeur public, et declamer contre la raison, sont deux choses incompatibles[1]. Pretendre, la plume à la main, gourmander les vices et décrier la raison qui en fait voir la turpitude, n'est pas autrement de bon sens, si ce n'est peut-estre que, par une morale ignorée de Lucien et d'Aristophane, d'Horace et de Juvenal, avec le nom, l'on change la nature des choses, et que le vice à l'avenir regne à la place de la vertu. Jusques icy les sages, je dis les sages païens, ont cru, les Turcs et les Arabes le croient encore, que nos passions, souvent furieuses et sauvages, doivent estre apprivoisées par la raison. *Tertius e cœlo cecidit Cato* : il nous est tombé du ciel un nouveau Caton le Censeur, qui encourage, de sa verve, un censeur triste et severe qui dogmatise, dans la ville capitale d'un royaume chrestien, à la barbe du magistrat et de la police, que

Souvent de tous nos maux la raison est le pire.

---

1. *Sat.*, IV.

Et pourquoi? Parce que

> C'est elle qui, farouche au milieu des plaisirs,
> D'un remords importun vient brider nos desirs.

Je vous laisse à penser, après une si belle morale, combien la vie humaine, la vie civile, la vie des honnestes gens, est obligée à un si raisonnable censeur ! Qu'un homme qui n'a pour loy que son plaisir, qui ne peut souffrir ny de frein ny de bride à ses passions,

> Un bel esprit qui ne butte
> Qu'à devenir beste brutte ;

je vous laisse à penser, dis-je, si ce n'est pas là un digne, un rare, un miraculeux censeur ! « Qu'il soit icy permis à un homme de breviaire, me disoit dernierement un honneste ecclésiastique, de donner, en passant, un avis à la belle et sçavante troupe des gratifiez qui ont excité le chagrin et la severité de ce grand critique. Mettez-luy le frein en bouche, de peur qu'il n'approche de vous [1].

---

1. *In chamo et freno maxillas ejus constringe, ut non approximet ad te.*

« Horace l'avoit dit à sa maniere :

*Fœnum habet in cornu : longe fuge.*

« Une ame grande et du premier ordre, poursuivoit-il, au lieu de porter envie aux graces que les sçavans, soit dehors, soit dans le royaume, reçoivent par les mains du Prince, sans blâmer son élection, travailleroit à s'en rendre digne. Un veritable genereux n'infecte point d'un regard de jalousie tout ce qu'il regarde : il pardonne volontiers aux sages, quand ils sont heureux. Le chemin de la gloire est ouvert à tout le monde; c'est une lice où chacun qui se sent assez fort a droit de courir; ne blâmez point les autres, mais faites mieux : on n'en fera point de comparaison qu'à vostre avantage. » Il ajoûtoit éloquemment, car ce bon ecclésiastique estoit orateur, quoy qu'il dist presque les mesmes choses qu'il avoit desjà oüy dire : « Cet homme fait profession d'attaquer le vice jusques dans son trosne, et il détrosne la raison. Vous, Monsieur, me disoit-il, qui sçavez les loix, quelle antinomie! Vous qu'il traitte de predicateur d'aujourd'hui, quoy que vous ayez cessé de prescher avant qu'il commençast d'escrire, *dic, Quintiliane, colorem.* Peut-on gourmander les vices, continuoit-il, et abolir la raison? Peut-on dogmatiser que la raison est le pire de tous nos maux? Peut-on estouffer tous les remords qu'elle nous inspire, la traiter de Pedant et de Tiran insupportable, qui tient nos passions à la gesne et qui violente nos desirs? Peut-on luy arracher le sceptre des mains, et traiter de Resveurs ceux qui la traitent de Reyne? Enfin peut-on ignorer que l'homme n'est homme que par la raison, que celuy qui n'écoute que les emportemens de sa colere n'est qu'une beste féroce, et que celuy qui se creve tous les jours de vin et de bonne chere n'est qu'un pourceau indigne de la societé d'Epicure : car ce philosophe donnoit la volupté en garde à la tempérance; que l'envie et la médisance boivent la plus grande partie de leur venin et la boivent jusqu'à la lie? Quoy! pour s'opposer aux passions honteuses et detestables! quoy! pour discipliner les autres, la raison attire le mépris

de cet honneste Censeur! Quelle peinture
veut-il, aprés cela, que l'on fasse de sa vie?
S'il recevoit autant de bienfaits du Prince
qu'il souhaiteroit d'en recevoir, quel usage
feroit-il de ces largesses royales? La véritable
Satyre se declare en faveur de la raison contre
le vice et la folie; ce nouveau Docteur se declare pour le vice et la folie contre la raison et
la vertu. Aprés cela, sans doute, cet admirable
Censeur doit reformer le siecle gasté.

> Le Marais en convient, et dit sans passion
> Qu'un tel effort d'esprit merite pension.
> Lieux d'honneur, cabarets dont il est amphibie,
> Reglez sur ce pied-là le cours de vostre vie;
> Et Priape et Bacchus, dont vous faites vos dieux,
> S'ils venoient vous prêcher, ne prêcheroient pas mieux.

« Que le Censeur a bonne grâce ensuite
lorsque, sans garder ny mesure ny bien-
seance, parlant de la raison qui est son enne-
mie, il dit qu'elle nous gourmande toûjours,

> Et, loin de nous toucher,
> Souvent, comme Joly, perd son temps à prêcher.

« Ne diroit-on pas qu'il parle de Jodelet?

Cependant il parle de l'orateur chrestien, il
parle du Curé de Saint-Nicolas jadis, et maintenant évesque d'Agen. »

Cette belle tirade d'un veritable homme
d'Église me parut un noble emportement, et
je le loüai de son zéle. J'estois encore sur ses
loüanges, quand quelqu'un nous vint dire :
« Connoissez-vous cet admirable Censeur?
—Je n'en connois, ce dis-je, ny le nom ny le
visage. Tout ce que j'en sçay, c'est qu'il ap-
partient à des gens d'honneur auxquels on
ne trouve rien à dire, si ce n'est de l'avoir
laissé émanciper. — Je ne puis, me répliqua-
t-on, vous le montrer, mais je vous montre-
ray bien son portrait qu'il a fait luy-mesme :

> Rien n'égale son teint, dont la couleur fleurie
> Semble d'ortolans seuls et de bisque nourrie ;
> Où la joye en son lustre attire les regards,
> Et le vin en rubis brille de toutes parts.

— Veritablement, ce dit un galant homme
qui se trouva avec nous par hasard, je ne sçay
pas ce que vous en avez pû tant dire, mais
voilà un beau Censeur ; il s'est là dépeint

comme estoit feu Ganimede. Je ne sçay pas pourquoy vous le chargez de tant de male-dictions. Je trouve à sa mine que si ce n'est un digne censeur du genre humain, c'est au moins un honneste voluptueux et un facé-tieux debauché. Il s'emporte peut-estre un peu trop, mais il faut excuser sa tendre jeu-nesse, il n'a encore que trente ans.

« Que si vous voulez absolument qu'on le punisse de ses petites legeretez, il ne faut, si j'opine bien, à un garçon de cette humeur, souhaiter d'autre punition que celle-cy :

> Pour vanger le Parnasse et punir sa folie,
> Que tous les vins pour luy deviennent vins de Brie ;
> Qu'à Paris le gibier manque tous les hyvers,
> Et qu'à peine au mois d'aoust l'on mange des pois verds [1].
> Rien ne fera jamais son humeur plus chagrine,
> A moins que quelque edit reforme la cuisine. »

Nous nous mismes à rire de cet arrest donné contre notre sévère Censeur. En effet, dismes-nous, il y a peut-estre moins de malice en son fait que de folie. On void que toute sa

---

1. *Sat.*, III.

conduite est la conduite d'un jeune homme.
En voici la preuve. Aprés avoir dit que

> ...Le vice à Paris s'erige en souverain,
> Et va la mitre en teste et la crosse à la main;

je vous laisse à penser sur qui cela peut
tomber.

Aprés avoir deploré le malheur du regne
present comme d'un siecle de fer et ridicule,
où le sort burlesque fait d'un pedant un duc
et pair; aprés en avoir parlé comme de l'é-
goust de tous les siecles, puisque le chemin
qui menoit à la Greve autrefois est maintenant le chemin qui conduit à la plus haute
fortune; aprés avoir, de son authorité privée,
fait le procez à tout le Parlement, à ce pays
barbare,

> Où l'on void tous les jours l'innocence aux abois
> Errer dans les detours d'un dedale de loix,
> Et, dans l'amas confus des chicanes énormes,
> Ce qui fut blanc au fond rendu noir par les formes;

aprés avoir dit mille autres choses de cette
force; enfin, pour combler la mesure et pour
marquer le plus intolerable de tous les des-

ordres du temps, luy, qui proteste qu'on ne
peut qu'en son sang esteindre l'ardeur qu'il
a de rimer, ce grand courage, cet intrepide,
ce Richard sans Peur, ce Censeur de toute la
terre pour s'acquiter dignement d'une charge
si enviée, et pour tout dire, en un mot, cette
Muse altiere,

> Qui ne peut rien nommer si ce n'est par son nom,
> Appelle un chat un chat, et Rollet un fripon.

Quelle audace! quelle hardiesse, ou plus-
tost quelle grandeur d'ame censorique, quelle
magnanimité! En vérité, c'est bien icy que la
fin couronne l'œuvre.

Il reste encore à dire ce qui a esté si bien
distingué par un homme de la belle Cour,
qu'autre chose est d'avoir le genie satyrique,
autre chose d'avoir le genie medisant. Horace, dont notre pretendu Censeur a tout pris,
hormis l'art de faire des satyres, s'en explique
ainsi à Trebatius. Trebatius reprochoit à
Horace sa mauvaise humeur et l'emportement de sa bile, lui predisoit les maux qui
luy en pouvoient arriver, l'intimidoit par les

loix et la discipline de Rome. Horace, à tout
cela, oppose sa juste et necessaire deffence.
Il répond que de gayeté de cœur il n'offence
jamais personne ; qu'il ne va point se faire
d'affaire ny chercher d'ennemis ; que la grace
et le don qu'il a de satyriser n'est pour luy
qu'une arme defensive. Il souhaite que ces
traits aîlez qu'Apollon jette si loin, pour le
dire après Pindare, ne partent point de son
carquois ; que son espée s'enroüille dans le
foureau, et que rien ne l'oblige à guerroyer.
Mais malheur à celui qui lassera sa patience,
qui troublera la paix de son cabinet et le
repos de ses muses ; il n'y aura pas de vaude-
ville où il ne se trouve.

*Sed hic stylus haud petit ultro*
*Quemquam animantem.*

Martial, que plusieurs ont crû si licen-
tieux, ne veut point qu'on se mesle de deviner à qui il en veut dans ses epigrammes, où,
sous des noms empruntez, il fait le procez
aux vicieux[1]. Il ne cherche point de reputa-

---

1. *Absit a jocorum nostrorum malignus interpres.*

tion à ce prix-là : il aimeroit mieux demeurer obscur toute sa vie.

Jugez des satyrés du temps là-dessus. Les poëtes payens dans leurs satyres se deffendoient d'offenser ceux dont ils n'avoient point esté offensez. Ils avoient du respect pour l'innocence, pour Auguste et Domitien, pour la religion et l'Estat. Aujourd'huy, le satyrique Censeur fait tout le contraire : il insulte aux particuliers et au public :

Les immortels eux-mesme en sont persecutez,

soit qu'il décrie le gouvernement dans sa première satyre, soit qu'il décrie la religion. « Mais, disent ceux qui donnent le nom de liberté à la licence effrenée, et qui pensent que l'insolence est la marque d'une âme haute, l'autheur d'une satyre est arrivé à son but quand il a poussé le désespoir d'un poëte affamé et miserable jusques où il est capable de s'emporter. Que ne fait point dire la rage, quand elle est maistresse des sens? » Si cette apologie est bonne, le parlement de Tholose eut grand tort de faire le procez à Vanini, le-

quel, par un article semblable, dogmatisa
contre Dieu mesme. Pour détruire la Provi-
dence, il introduit un impie dans ses Dialogues, scandalisé des desordres du monde et
de l'injustice dominante; il met toute la
force de la raison et toutes les apparences de
la verité du costé de ce philosophe profane,
auquel, au lieu de répondre solidement, il se
contente de répondre par des imprecations
et des injures. Pomponace opposoit ainsi à
tous les argumens contraires à l'immortalité
de l'âme les décrets des Conciles et l'authorité de l'Eglise. Un politique du siecle passé
a fait le mesme en faveur de la Synagogue,
dans ses Dialogues où il fait parler un maho-
metan, un chrestien et un juif. Cette subti-
lité est désormais si grossiere que pas une
dupe ne s'y prend, et quand le débauché

> Attend pour croire en Dieu que la fièvre le presse,
> Et, riant hors de là du sentiment commun,
> Presche que trois font trois, et ne font jamais un,

on void, par cette impiété raisonnée, que
le Censeur ne refute point; ce n'estoit là ny le

3.

lieu de la proposer, ny d'y répondre; on void, dis-je, quelle est la pensée du Poëte, dogmatisant sous le nom d'un autre.

*Quis enim jam non intelligat artes,*
*Marce, tuas ? quis priscum illud miretur acumen?*

Il n'y a rien de saint, ni de sacré, soit au ciel, soit sur la terre, qu'on ne puisse impunément violer par une si belle invention. Quand on fait dire à un impie le plus grand des blasphemes, qu'il falloit supprimer, bien loin de l'estaler en vers aux yeux du peuple afin qu'il en fût plus aisé à retenir, on void assez où va son dessein.

[tonne,
Pour moy, qui suis plus simple, et que l'Enfer es-
Qui croy l'ame immortelle, et que c'est Dieu qui tonne[1].

N'admirez-vous point ce religieux Censeur, qui reconnoît de bonne foy son peu de force, qui s'impute à simplicité de croire en Dieu, et s'accuse en cela de foiblesse, tant il a peur de scandaliser quelque esprit fort ?

---

1. *Sat.*, I.

# DEUXIÈME PARTIE

S i le nouveau Satyrique s'est trompé au choix des matieres, il se trompe encore davantage dans la maniere de les traitter. Mais, avant que d'en venir là, il est bon de faire justice à son tour à la *Satyre des Satyres*. Il est de l'équité naturelle d'entendre les parties l'une après l'autre.

A la vérité, l'autheur de la *Satyre des Satyres*, quel qu'il puisse estre, ne décrie ny le Parlement, ny le siècle, ny la Religion, ny l'Estat; mais on ne peut l'excuser d'avoir, par un exemple contagieux, chargé sur des des personnes innocentes qui ne l'avoient pas offensé. On luy reproche justement ses injustes invectives et ses basses médisances. Pourquoy confondre ensemble des personnes qui sont differentes les unes des autres autant

que le ciel l'est de la terre. Qu'a de commun
avec des greffiers et des notaires le beau-frère
d'un duc et pair, un personnage de merite et
de naissance, que la benediction de son second mariage a si pleinement justifié contre
la noire calomnie de ses ennemis? *Ch' ha da
far la luna con i gambari?* Pourquoy ranger
avec les mauvais poëtes un poëte abondant,
délicat et fleury, qui, au gré de toute la Cour,
a succedé à Malherbe? Pourquoy faire revivre
Scarron pour l'opposer à Boileau?

N'est-ce pas un beau sujet de satyre, que
de reprocher à son aversaire qu'il est traducteur d'Horace et de Juvenal; qu'il est
imitateur de ces grands hommes, et, ce qu'il
rebat jusques à faire mal au cœur,

Qu'il applique à Paris ce qu'il a leu de Rome?

Voyez le grand crime à un jeune garçon,

Nouvellement sevré sur le mont des neuf Sœurs,

de se vouloir former sur des modeles si
achevez! Qu'il feroit de mal, s'il prenoit, de
ces illustres autheurs, l'art, le beau tour des

vers, la finesse et l'invention, pour s'en servir
à la françoise! La critique de notre Censeur
ne tombe-t-elle pas dans le mesme deffaut
qu'il reprend en son ennemy quand il offense
ceux qui ne l'ont point offensé; quand il
blâme une entreprise dont le dessein seul seroit loüable; quand il chicane pour un mot,
ou pour une rime ?

Si le Censeur du Palais n'avoit point fait
de plus grand mal que de manquer à la diction ou à la rime, il seroit absous au Parquet,
et le souverain magistrat n'y trouveroit rien
à reprendre. Les vers du poëte qui ne proce-
dent que du deffaut de genie ou de grammaire ne sont pas des vices punissables, et,
comme disoit M. Boissac : « On n'a jamais
pendu un homme pour avoir fait de mauvais
vers. » La mauvaise poësie, sans naturel et
sans grace, quelque contrainte, quelque dure
qu'elle soit, n'a rien à démesler avec la police
ny avec la correction des mœurs, laquelle est
la fin principale de la Satyre. On oppose à
cette observation si judicieuse, et qu'un savant homme a depuis peu si heureusement

estenduë, qu'Horace a fait des satyres contre Lucile, son predecesseur en ce genre.

*Nempe incomposito dixi pede currere versus*
*Lucili.*

Ce qu'Horace avoit dit par maniere de discours, l'autheur de la *Satyre du temps* et l'autheur de la *Satyre des Satyres* le disent injurieusement, sans rien excuser, sans rien adoucir.

Il faut leur apprendre icy comme en a usé Horace, en homme de Cour, en homme spirituel et adroit, en homme du beau et du grand monde. Premierement il proteste de ne vouloir point ravir à Lucile la couronne qu'il a si bien meritée, ny luy oster la gloire d'avoir appris à Rome l'art de railler de bonne grace. Il rejette humainement la cause de ses deffauts sur la rudesse de son siecle, qui n'estoit pas encore poly[1] ; il le loüe de son urbanité,

---

[1]. *Fuerit limatior idem*
*Quam rudis et Græcis intacti carminis auctor.*
(HOR., *Sat.*, I, x.)

comme diroit Balzac, de son invention, de sa politesse.

Il avoüe que, s'il eust esté du siecle d'Auguste, il auroit rafiné son goust, cultivé sa muse, et retranché ce qui manquoit à la perfection de son ouvrage [1].

*O seri studiorum!* O messieurs les critiques du Palais, que vous avez esté longs à vous aviser d'une si belle maniere de reprendre! Vous coupez bras et jambes d'abord, vous decidez, vous prononcez en dépit des Muses; vous blâmez tout absolument, vous déchirez, vous mettez en pieces. Encore si vous disiez le bien et le mal, vous seriez plus supportables, et l'on vous diroit ce qu'a dit Horace en quelqu'endroit : qu'on ne condamne pas un grand poëte pour peu de chose [2].

Est-ce qu'Homère, qui dort quelquefois, n'est pas le dieu des poëtes? Si l'on n'a tout, n'a-t-on rien [3]?

---

1. *Quod ultra perfectum traheretur.*
2. *Ubi plura nitent in carmine, non ego paucis Offendar maculis.*
3. *Tu nihil in magno doctus reprehendis Homero.*

Quand on blâme et qu'on loüe, il faut loüer et blâmer avec la retenuë d'un honneste homme, et selon les regles de l'art. Vous n'imitez que les exemples fascheux. Vous ne loüez personne nommement, si ce n'est Corneille. Horace ne loüoit pas Virgile seul : il loüe le comique et l'agréable Fundanus; il loue Pollio, le chantre des roys; il loue Varius, le poëte épique; il loue Bibulus, Furnus, les Serviens et plusieurs autres.

Horace avoit des amis, vous n'en avez point; Horace avoit cette justice qu'il rendoit à chacun selon ses œuvres; Horace mesloit peu de reprehensions à beaucoup d'éloges et de loüanges [1]. Il prepare si bien son remede qu'il ne peut estre de mauvais goust. Misérables disciples d'un si grand maistre, que je vous plains, si vous croyez l'avoir imité!

L'autheur de la *Satyre des Satyres* ne se

---

1. *Vos, Bibuli et Servi, simul his te, candide Furni,*
*Complures alios, doctos ego quos et amicos*
*Prudens prætereo.*

ménage point ainsi. Il traite d'abord son ad-
versaire de fat, de comedien, de basteleur, de
farceur, de fol enragé. Ces injures atroces ne
sont pas d'un galant homme, d'un homme
du beau monde, d'un homme qui soit bien
nourry.

Quand le jeune Censeur auroit injurieusement traité les plus honnestes gens du siecle,
ce n'est pas un exemple à imiter; le deffaut
de l'un ne peut estre l'excuse de l'autre.

D'autre part, la *Satyre des Satyres*, où
l'on trouve autant de citations que dans un
livre de controverses, n'a pas si mal à propos
cité les vers les plus forts et les plus pompeux de son aversaire : car il n'estoit pas là
question du beau tour des vers ny de la ri-
chesse des rimes; il estoit question de la morale, il estoit question de la vie et mœurs
d'un Censeur heteroclite, qui s'est donné cette
authorité de luy-mesme, contre toute forme
de justice, et lequel a pris à tâche de décrier
la raison et le bon sens, la Religion et l'Estat.

La corruption des mœurs est la matiere des
satyres; la correction des mœurs est leur fin.

4

L'autheur de la *Satyre des Satyres* a mieux
réussi selon l'art : il a fait ce qu'il devoit
faire, il est parvenu à son but; il a fait voir
que le Censeur du Palais estoit un corrupteur,
et non un correcteur de la jeunesse, puis qu'il
dégrade la raison, puis qu'il perd le respect
envers son Monarque.

> Il se fait à son prince égal comme de cire.

En voicy la preuve :

> Quand ton bras, ô Louis, des peuples redouté,
> Va, la foudre à la main, restablir l'equité,
> Et retient les méchants par la peur des supplices,
> Moy, la plume à la main, je gourmande les vices[1].

A quoi l'autheur de la contre-satyre ad-
joûte :

> Tant cet audacieux mesle mal-à–propos
> Les loüanges d'un fat à celle d'un heros.

Il redit au Censeur avec raison ce que sans
raison le Censeur avoit dit d'un autre. Un
gentilhomme des plus polis de la Cour de la

---

1. *Disc. au Roy.*

princesse Aurelie, pour laquelle j'ay tousjours
eu le dernier respect, advouoit dernierement,
dans une fort celebre compagnie, que cela
estoit bien retorqué contre le Censeur; mais
qu'à dire la verité, les grands poëtes, comme
Virgile, par exemple, se mettent souvent à
costé des Césars. Tesmoin ces vers des *Geor-
giques :*

*Hæc super arvorum cultu....*

où ce grand poëte dit hardiment : « C'est
ce que je chantois sur la culture de la terre, »

Quand le jeune Cesar foudroyoit sur l'Euphrate.

En cet endroit, avec toute l'estime que j'ay
pour mon confrère en Apollon, il trouvera
bon que je luy die qu'il y a bien de la dif-
ference entre prendre une date et faire une
comparaison [1]. Virgile ne se compare point à
Auguste en ce lieu-là ; il y marque le temps

---

1. *Hunc saltem everso juvenem succurrere sæclo
Ne prohibete, Dii.*

de la composition de son œuvre, et rien davantage; au lieu

> Que ce jeune estourdy se compare à son Roy.

Il y a dans le poëte Vandomois, et dans
M. de Pibrac, des dattes ainsi prises poëtique-
ment, et cela est de fort bonne grace. En
cette ridicule comparaison que le moderne
Satyrique fait de ses vers avec la justice du
Roy, combien de fois ay-je craint pour luy,
tant je luy veux peu de mal, que la massuë
de cet Hercule ne vînt à escraser ce pigmée.

Avec la derniere insolence, il ose faire imprimer, il ose publier dans la capitale du
royaume que, sous l'empire de Louis XIV,

> Le plus sçavant autheur, l'esprit le plus poly,
> Ne parviendra jamais au sort de l'Angely.

Quelle extravagance est égale à celle-là?
Dans un temps où le roy de France va
chercher les sçavans jusqu'aux extremitez
de la terre pour les honorer et les enrichir,
il se trouve un François irrité de la conduite royale, qui ose faire voir, à la face du

Parlement et à la veuë de toute la Cour, que tous les sages du royaume ensemble ne sont pas si considerables au Louvre qu'un des successeurs de Marais!

Prenez garde, s'il vous plaist, à ce que je vais dire, et ne vous imaginez pas que je rebatte les mesmes choses. La fin de la Satyre n'est pas de décrier un Roy bien-faicteur des Muses; au contraire, il n'y a point d'eloges, il n'y a point de statuës ny d'arcs de triomphe, dont il ne soit digne. Si le jeune Censeur eust pris conseil de ses maistres, s'il eust profité de l'exemple de Juvenal à Domitien, s'il eust esté homme de Cour, il n'auroit pas bronché à ce mauvais pas, aujourd'huy que les sciences, autrefois abandonnées, n'ont plus recours qu'au Roy, et que la bonté du prince ne cherche que des sujets dignes de ses graces.

*Et spes et ratio studiorum in Cæsare tantum* [1].

---

[1].      *Circumspicit et stimulat vos,*
*Materiamque sibi ducis indulgentia suadet.*
(Juv., *Sat.*, VII.)

4.

Ce que la Satyre se propose n'est pas d'avilir les actions heroïques des Grands, c'est de leur faire honte de leurs vices. La belle Cour, qui est une multitude choisie, a le goust trop fin et trop delicat pour en juger avec le bas peuple; elle qui penetre le sens, et va jusqu'au fond des choses, ne croit pas aux paroles, elle croit aux effets. Et quel peut estre l'effet de la satyre d'un jeune homme, que d'ériger par tout des autels à la débauche, par le décry de raison et de la justice, par la profanation du thrône? De quelques beaux termes que l'insolence et la volupté soient revestuës, elles n'en sont que plus à craindre! elles s'insinuënt dans les esprits plus dangereusement, en cela mesme qu'elles y passent avec les graces de l'expression. Le lucianisme s'est introduit à la faveur de la pureté du langage; l'arianisme, avec toutes les couleurs de l'eloquence, et les novateurs dans la France et dans l'Allemagne, n'eussent pas esté écoutez s'ils n'eussent point esté eloquens.

Une seconde raison pourquoy le critique du Censeur n'a pas tort d'avoir allegué les

vers sonnans et magnifiques de son ennemy,
c'est que des vers sonnans et magnifiquès sont
estrangers à la Satyre. J'appelle icy les maistres de l'art à témoin, et, si j'impose au lecteur,
je les conjure de me reprendre. J'avoüe qu'il
m'a semblé d'abord, ainsi qu'aux autres,
qu'il est dangereux de n'alléguer que ce qui
est de plus éclatant et de plus fleury dans les
écrits d'un homme qu'on a dessein de reprendre. Il se faut bien garder d'exciter l'admiration pour un ouvrage contre qui l'on veut
exciter ou l'horreur ou le mépris. Mais, quand
j'ay examiné de plus près les choses, j'ay
trouvé que le vray style de la Satyre est une
facilité naturelle et ingenieuse, sans conten-
tion et sans effort, pleine de bon sens et d'instruction pour les Grands et pour le peuple.
Les grandes et sublimes figures ne sont pas
de son caractere. Pour peu que l'on sçache
la distinction des divers genres d'écrire que le
rhéteur Hermogene appelle idées; pour peu
qu'on soit initié aux mysteres de Quintilien
et de Demetrius de Phaleres; enfin, pour peu
qu'on ait quelque legere teinture d'Horace, on

sçaura que ce qui est risible, enjoué et plaisant, *il ridicoloso,* est la vraye forme de la Satyre. En voulez-vous croire les maistres, ou demandez-vous de grands exemples? Voyez la satyre de Seneque le Philosophe contre l'empereur Claudius; voyez les Douze Cesars de Julien l'Apostat; voyez Jupiter accouchant de Bacchus et de Minerve chez Cotta et chez Lucien; lisez la satyre burlesque sur le bon Priape et contre les vaines frayeurs de la magie; estudiez l'art d'Horace dans ses écrits, et de quelle façon il raille les différentes sectes des philosophes, qu'il estimoit encore plus que ses dieux; escoutez ce qu'il dit du stoïque Damasippe et de l'épicurien Cattius; lisez la satyre qui commence,

*Ibam forte via Sacra, sicut meus est mos*

vous reconnoistrez aisément que là partout, à la mesure près, il parle en vers comme nous parlerions en prose; il en donne au mesme lieu le precepte et l'exemple,

*Satyris musaque pedestri...*

bien éloigné, sans doute, des métaphores guindées d'un poëte qui monte sur des échasses pour se faire voir. Il faudroit copier la plus grande partie de son livre pour citer tous les exemples de ce style qui passe les bornes de la Satyre; de ce style non seulement remply de poivre et de sel, mais plein de fiel et d'absynthe. Il nous oste la peine de le prouver, car il l'a reconnu luy-mesme :

> Je sens que je m'emporte, et ma muse en fureur
> Verse dans ses discours trop de fiel et d'aigreur.

Ce qui est si veritable, laissant à juger aux autres si la fureur convient bien à l'ingenieuse liberté de la Satyre, que

> Ce ton de docteur et ces vers empoulez
> Sont des moindres grimaux chez Menage sifflez.

Que dites-vous de l'enflure de ces vers :

> Quittons cette ville importune,
> Où le vice orgueilleux s'erige en souverain,
> Marche la mitre en teste et la crosse à la main.

Peut-on parler d'un plus haut ton? Ailleurs, quand il parle à la Noblesse qui degenere de ses ancestres :

> Vous dormez à l'abri de ces noms reverez,
> Et tout ce grand éclat de leur gloire ternie
> Ne sert plus que de jour à vostre ignominie.

Ne voilà-t-il pas des termes magnifiques, et celuy-là n'est-il pas bien heureux lequel comprend, ô le premier de nos poëtes,

> Ce grand éclat d'une gloire ternie
> Qui ne sert que de jour à vostre ignominie?

Cela frise le galimathias ; mais cela est beau pourtant.

Ce joüeur desesperé, qu'il fait mettre à la chaisne, de peur que, comme un autre Capanée ou comme un autre Typhon [1], il n'attaque Jupiter mesme,

> Qu'on le lie, ou je crains, à son air furieux,
> Que ce nouveau Titan n'escalade les cieux.

Ce geant insensé de la jouante Académie

---

[1]. *Sat.*, II.

auroit-il paru plus redoutable chez Stace ou chez Claudien?

Quand, se faisant justice à soy-mesme, ce calomniateur public craint si raisonnablement d'estre assommé,

> Soit que le Ciel me garde un cours long et tranquille,
> Ou bien soit que bien-tost, par une dure loy,
> La mort d'un vol affreux vienne fondre sur moy ;

ne diroit-on pas que, dans les illusions de sa crainte, ce pauvre garçon, qui ne peut se déguiser à luy-mesme et qui reconnoît ce qu'il merite, apprehende par tout les implacables Déesses, lesquelles fondirent sur Oreste, ou cette effroyable sœur de Megere qui vint voler autour du rival d'Énée pour lui annoncer sa mort violente :

> *Alarum verbera noscit*
> *Lethalemque sonum.*

Aprés cela, je ne m'estonne pas si, estant emporté par la magnificence de ces expressions et la sublimité de ses pensées, quoy que peu convenable à son sujet, il passe si souvent par dessus la rime, comme font quel-

quefois les grands poëtes quand tout est plein
de feu et de sang sur le theatre.

On disoit d'un premier President fort as-
sidu à sa charge, qu'il ne pouvoit quitter le
thrône : nostre Censeur ne se peut résou-
dre à descendre de son tribunal. La majesté des choses qu'il traite le dispense des
préceptes de l'art. Dans cet enthousiasme
merveilleux, où il est bien au-dessus de la
grammaire, il n'y a point pour luy de phrase
insipide; il n'y a point de déboire affreux :
en cet estat surnaturel, *cry* et *deffy*, *brie*
et *folie*, *archet* et *fausset*, *odorat* et *rosat*,
*charrüe* et *descendüe*, sont rimes heureuses.
Quelle bassesse, dans un aussi noble emportement que le sien, d'examiner superstitieuse-
ment s'il faut dire : « fut le chemin jadis », ou
« jadis le chemin », « qui fait l'homme intrepide », ou « qui fait de l'intrepide », « un tas et
un amas d'ayeux illustres », comme si on parloit d'un monceau de bled ! Pourquoy s'in-
quietter du repos, ou de la cesure d'un vers?

C'est un pedant qu'on a sans cesse à ses oreilles.

S'il faut écrire : « ce qui fut blanc au fonds »,
et non pas «au fond», parce qu'il ne s'agit pas
là du fond du sac, mais de la bonté des pieces
qu'on a produites. Qu'importe à un autheur
judicieux comme luy, si le discours fait à la
loüange du premier Roy de la terre s'accorde
bien avec la sterilité des heros, qui est si
grande en nostre siecle, à son dire, que le
Poëte censeur n'en trouve plus pas un dans le
monde : car il

> Cherche en vain un heros, dans ce grand univers,
> Digne de son encens et digne de ses vers [1].

Tous ces foibles nüages que l'on oppose à
la lumiere de ce nouvel Apollon se dissipent
par sa presence. Tout s'ouvre, tout fait jour à
la censure. Il dedaigne d'estre rimeur, il
méprise la critique et le bon sens ; la raison
est trop rampante ou trop tyrannique pour
luy. Il parle par inspiration et par fureur.
Celuy qui se plaint, avec tant de justice, que
le Roy donne aux premiers, c'est-à-dire aux
plus vieux poëtes, un prix qu'on devoit aux

---

1. *Sat.*, VII.

derniers, c'est-à-dire à Despreaux ou à l'autheur du *Roman bourgeois*; ce Dieu du Parnasse

> Qui descend de la nüe, et, la foudre à la main,
> Tonne sur Charpentier, tonne sur Chapelain,

cet ennemy des petits rimeurs, a tant de peur
de passer pour un simple versificateur, s'il ri-
moit bien, qu'il a affecté de mauvaises rimes
dans ses vers si riches et si magnifiques d'ailleurs, et ne croit pas digne de luy de mieux
rimer ny mesme de parler tousjours françois.
Enfin, cet esprit, plus grand que le genie de la
Satyre, a voulu que l'on dît à sa loüange :

> *Grande Sophocleo carmen bacchatur hiatu.*

Ce n'est pas que l'art n'y repugne, mais il
s'est mis au-dessus de l'art. Quand on s'est
une fois erigé en censeur public, vous ne
sçauriez croire combien il est mal aisé de dé-
ferer aux loix des autres. Parlez d'Horace au
Censeur, il vous répondra genereusement :

> J'ayme sa renommée, et non pas sa leçon.

« J'ay pris l'art de luy, comme il l'auroit pris de moy, s'il eust vescu au regne d'Auguste. » Il ne voudra jamais reconnoistre que la simple et naïve peinture des vices fait quelquefois plus d'impression que toutes les exagerations d'un orateur.

Le simple recit de la foiblesse d'une Reyne que les moindres choses espouvantoient et qui estoit tousjours sur le presage ; les craintes superstitieuses d'une Italienne à la mercy de tous les augures : si le bois venoit à fumer, c'estoit qu'on lui portoit envie ; si quelques vents enfermez en sortoient, c'estoit trahison ; si un tison rouloit, c'estoit malheur ; si le sel estoit répandu, calomnie, et noises, quand les couteaux estoient en croix ; la nuë description de ces foiblesses et de ces sottes imaginations tourne plus la superstition en ridicule et la rend plus méprisable que tous les traités de Plutarque et des plus sçavans philosophes. Ce *graphice scriptum* des anciens ne se trouve gueres en nostre Satyrique moderne, et c'est pourtant par là que vaut la Satyre. Ces peintures naïves et fidelles font plus que toutes les invectives et que toutes les imprecations.

Quelques-uns, pour deffendre le style un peu trop soustenu du Satyrique moderne, et faisant comme ces anciens paladins qui. se déclaroient pour des dames inconnuës, par cela seulement que c'estoit des dames, disent que la langue latine a plus de force que la françoise, et que la phrase du poëte Horace, quoyque familiere et approchant de la prose, ne se peut imiter en françois sans estre un peu plus relevée que n'est pas le commun discours. Cette réponse a quelque apparence, mais elle n'a point de solidité, puis qu'en tout païs l'on discourt et l'on s'entretient familierement les uns les autres, et que la Satyre, au jugement du Maistre, n'est qu'un discours et un entretien familier, à la seule mesure près :

*Nisi quod pede certo*
*Differt sermoni sermo merus.*

Voyez en quels termes ce precepte est conceu, et instruisez-vous, s'il est possible.

Et partant la Cour si délicate et si raffinée, cette belle partie du grand monde, apparemment n'a pas donné dans le panneau où l'on dit que tout le monde a donné. Si j'en avois une autre pensée, je lui en ferois mes excuses, et, pour ne pas troubler son plaisir, je craindrois de la détromper. On a beau dire que les dames et les seigneurs aiment la magnificence et la pompe, ils ne l'aiment que là où il faut; ils ne l'aiment pas partout. Ils sçavent que la négligence a ses graces, et que ce qui est si tiré et si tendu approche fort du contraint. C'est leur grand air, ce ne sont pas les habits qui les parent. Affublez une mariée de village d'un manteau royal, menez-la au moûtier au son des cornets à bouquin, la couronne en teste et le sceptre en main; elle n'en sera pas plus parée, elle en sera seulement plus ridicule. Il ne faut donc pas que le Censeur se flatte des applaudissemens qu'ont donné à ses pompeuses Satyres les raffinez de la Cour. Ces loüanges de beaux et de grands vers, en parlant d'une Satyre, peuvent avoir esté données avec une mauvaise inten-

5.

tion ; il y entre je ne sçay quoy de la rethori-
que d'Alethé, chez le Tasse. Ses exclamations
les plus hautes, les plus obligeantes, sont :

*Adorne in tali modi,*
*Che sono accuse, et paion lodi.*

La Cour ne se picque pas ordinairement
de grec et de latin ; elle aime mieux faire les
belles choses que de les lire. Elle n'a peut-
estre pas leu dans Homere et dans Virgile,
mais elle a pû lire dans le Tasse et dans
l'Arioste, quelle est la vertu magique des paroles, quelle est la force impérieuse des vers, par
qui les Alcines et les Armides ont arresté le
soleil au milieu du ciel, ou l'ont empesché
de se precipiter chez Tethys,

Quand la rapidité de sa course avancée
Ne se peut comparer qu'au vol de la pensée.

Comme il est facile à un autre de laisser le
monde comme il est, il n'estoit pas moins
aisé à ces puissantes magiciennes de troubler
l'ordre de la nature, de faire descendre la
lune pour en tirer le secret des dieux, d'evo-

quer les ombres de là-bas jusqu'à faire pa-
roistre le jour entre les morts. La Cour a pû
voir quelque image de ces effets prodigieux
des mots magiques soit dans le grand salon
du Louvre, soit sur les theatres des comediens; mais ce que la Cour n'a jamais
veu, la Cour où tant de braves demandent
souvent des éclaircissemens d'un geste, d'un
tour de main, d'un ton de voix, c'est qu'il y
ait un art, un art poëtique, si absolu sur les
plus délicats et sur les plus forts esprits des
grands seigneurs qu'il les contraigne d'applaudir à toutes les calomnies dont on les
charge, à toutes les injures dont on les noir-
cit, à toute l'infamie dont on les couvre.

*Credat Judæus Apella,*
Non ego.

Si cela est croyable à quelqu'un, certes ce
n'est pas à moy :

Ouy bien à quelque juif, mais non pas à Malherbe.

Que voulez-vous dire? me dira-t-on. Ces
vers du Poëte censeur vous le diront mieux

que moy. Telle est la peinture de la Cour dans sa premiere satyre, p. 4 :

> A la Cour la vertu n'a plus ny feu ny lieu,
> Et le plus rare esprit s'y void maudit de Dieu.
> Je sçay bien que souvent un cœur lasche et servile
> A trouvé chez les Grands un esclavage utile,
> Et qu'un riche pourroit, dans la suitte du temps,
> D'un flatteur affamé payer les soins ardens;
> Mais, avant que pour vous il parle ou qu'il agisse,
> Il faut de ses forfaits devenir le complice,
> Et, sachant de sa vie et l'horreur et le cours,
> Le tenir en estat de vous craindre tousjours.
> Pour de si hauts projets je me sens trop timide,
> L'inceste me fait peur, et je hays l'homicide;
> L'adultere et le vol alarme mes esprits,
> Je ne veux point d'un bien qu'on achepte à ce prix;
> Il n'est plus d'honneste homme.

Aprés cette desobligeante ou plûtost cette affreuse peinture de la Cour, si elle estime encore et si elle loüe les vers du Censeur, j'avoüe que la Cour est tres-chrestienne, qu'elle fait le bien contre le mal, et, sans examiner la malice, n'admire que l'esprit d'un autheur.

Horace disoit autrefois que la mediocrité, qui est ailleurs une vertu, est dans la poësie un vice insupportable aux dieux et aux hommes [1].

J'oserois dire à mon tour : Il n'y a hommes ny Dieux qui puissent changer l'essence et la nature des choses. Le fin et le delicat de la Satyre est de pincer sans rire et de mesler la verité à la raillerie.

Ainsi le bon Socrate, avec l'ironie sa favorite, joüoit les sophistes de son temps [2]; ainsi Aristophane joüoit Socrate.

Comme je suis naturellement complaisant et que je n'aime à fâcher personne, je suis marry que je ne puisse donner au Satyrique censeur des loüanges sans restriction, comme il a coûtume de les demander.

Mais, dites-moy, qu'y puis-je faire? L'art et l'experience y repugnent, Horace et Regnier l'ont condamné devant moy non par leurs paroles seulement, mais encore par leurs

---

1.                   *Mediocribus esse poetis*
   *Non dî, non homines, non concessere columnæ.*

2.                   *Ridendo dicere verum*
   *Quis vetat?*

exemples. J'avoüe bien, car il faut estre sin-
cere, que l'indignation trouve quelquefois sa
place dans la Satyre, et qu'elle peut faire des
vers. J'avoüe encore que la haine, adroite-
ment excitée contre les méchans, est une des
passions de la Satyre ; mais le caractere domi-
nant, c'est la fine, c'est la delicate, c'est l'ingenieuse raillerie. Je dy contre les premieres
testes du monde, contre les plus vains et les
plus superbes esprits, contre les faux philosophes et contre les Dieux de la terre, suivant
la pensée des Sages, que l'admiration des
thiares et des diadêmes est quelquefois une
marque de nostre foiblesse plûtost que de
leur grandeur.

La *Satyre Menippée*, le *Catholicon d'Es-
pagne* en fait foy, et cet autre railleur qui
joüa de son temps tous les potentats de l'Eu-
rope, et que François Ier lisoit tous les soirs
en se couchant.

Pour desennuyer le lecteur et pour rompre
par charité le charme dont le sieur de Vipereaux est enchanté, quand il pense que la
belle Cour a été ravie de ses vers, il faut que

je vous conte là-dessus une nouvelle de Saint-
Germain qui réjouyra le Parnasse. Le Roy
disoit à un grand seigneur que si le Poëte
dont nous parlons eust pris un meilleur sujet, qu'il auroit mieux réüssi, et qu'il s'estoit
fait tort par son mauvais choix ; la réponse fut
que, de sa propre confession, ce Poëte n'estoit
bon qu'à medire, et que, pour louer qui que
ce soit, il se faisoit des efforts estranges. Le
duc de \*\*\* adjoûta, avec cette grace qui lui est
si naturelle et qui fait valoir tout ce qu'il dit :
« Je crains fort que ce Poëte ne fasse revivre
le proverbe : Que le destin des satyriques

> Est de mourir le cou cassé
> Et vivre le coude percé. »

Cela veut dire que si les médisans jurez,
qui ne respectent ny condition ny qualité,
ne sont assommez sur l'heure, il leur est
comme fatal de vivre pauvres et misérables.

Quelques delicats, pensant raffiner et ne
sçachant ny la repartie du M. D. G., ny le
proverbe, ont esté choquez de ce que l'Oracle

de la *Satyre des Satyres* avoit mis *mourir*
devant *vivre*; mais qu'ils s'en prennent à nos
majeurs, lesquels l'ont voulu ainsi, et qu'ils
l'interpretent benignement, comme nous l'a-
vons interpreté. Ce neanmoins, pour les
satisfaire, j'ay d'office tourné le proverbe
ainsi :

> C'est le sort de ces phrenetiques
> Que l'on appelle satyriques,
> De vivre le coude percé,
> Et de mourir le cou cassé.

Le nouveau syndic du Parnasse a peut-
estre le chef de Meduse à l'ascendant; je le
conseille d'y prendre garde : il est vray que
le Sage commande aux astres, mais, comme
vous voyez, il faut estre sage.

Cependant, quoy que le style de la Satyre
soit sans façon, qu'il soit commun et familier,
et qu'à l'exemple des comedies soit de Plaute,
soit de Terence, les vers satyriques ne diffe-
rent gueres de la prose que par la mesure,
cela pourtant n'empesche pas qu'il ne faille
parler correctement. Cette façon de parler

n'est pas françoise chez l'autheur de la *Satyre des Satyres* :

> Luy que l'on ne connoist qu'à cause de son frere,
> Luy, comme il dit luy-mesme, accablé de misere,
> Luy qu'on ne connoist point dans le sacré valon,
> Veut trancher du Phebus et faire l'Apollon.

car ce « *luy* veut », tient un peu de l'allemand, parce qu'il est si éloigné. Ce «veut trancher du Phebus et faire l'Apollon » dit deux fois la mesme chose. Il falloit mettre :

> Ce jeune homme, inconnu dans le sacré valon,
> En dépit des neuf Sœurs, tranche de l'Apollon.

L'auteur de la Satyre continuë ce *luy* en style de declamateur, ce qui est une autre faute.

Il fait ailleurs galantiser son homme dans une estrange posture, le tournant en ridicule à un point qu'il fait pitié. La figure du damoiseau y est tout à fait burlesque, et l'on a quelque plaisir à voir un nouveau Censeur qui ne peut plus avoir que l'esprit et non l'effet de la débauche. Au moins l'idée n'en est pas si affreuse qu'est celle des desordres de

6

la ville de Paris, que le Censeur irrité nous a
voulu donner en faveur de la police :

> Quittons donc pour jamais une ville importune,
> Où l'honneur est en guerre avecque la fortune;
> Où le vice orgueilleux s'erige en souverain,
> Et va la mitre en teste et la crosse à la main;
> Où l'argent seul tient lieu d'esprit et de noblesse,
> Où la vertu se pese au poids de la richesse,
> Où l'on emporte à peine, en suivant les neuf Sœurs,
> Un laurier chymerique et de maigres honneurs;
> Où la Science, triste, affreuse et délaissée,
> Est par tout des bons lieux comme infame chassée;
> Où le seul art en vogue est l'art de bien voler;
> Où tout me choque; enfin, où l'on n'ose parler.

Quelle moderation, et que, si le Censeur eût
osé parler, il nous auroit bien fait une autre
peinture! J'en laisse aux autres le jugement;
pour moy, je ne cite ces derniers vers que
pour convaincre nos deux satyriques qu'il
est du déclamateur, et non du poëte, de répeter
si souvent un mesme mot.

Ces deux vers de la contre-satyre ne sont
pas encore trop bien tournez.

> Theophile jamais n'a dit ce méchant mot,
> Et s'il paya ses vers de deux ans de cachot.

Il falloit mettre, *et si il paya ses vers,* ou bien ainsi :

Quand il paya ses vers de deux ans de cachot.

Icy je demande reparation d'honneur pour ceux de l'Académie françoise à qui on a malignement attribué la *Satyre des Satyres,* comme s'ils ignoroient le beau tour du vers et le genie de leur langue.

On void par là que plusieurs sont assez aises de se vanger sous le nom des autres : ils ont assez de ressentiment, mais ils n'ont pas assez de force. Pour moy, qui crois que le magnanime hayt et aymé publiquement, je condamne la foiblesse des pusillanimes malins qui flattent souvent ceux qu'ils detestent.

Revenons. Les poëtes satyriques qui enflent leur style par de grands mots et par des repetitions frequentes ignorent le caractere de la Satyre : car il faut tant le redire qu'on ne le puisse oublier, puis que c'est sa forme et son essence, il est naturel, naïf et familier; c'est une prose habillée en vers,

mais des vers comme sont les vers senaires
des comédies, dont la poësie ne paroît qu'aux
maistres de l'art. Là regne la pureté de la
diction et la proprieté des termes. Il n'y a
point de genre d'écrire où il faille estre plus
exact, ny où l'on doive moins se licencier.
La pluspart des lettres de Voiture, je dy
les plus galantes et les plus polies, sont de ce
genre, et, ce que les plus intelligens ont reconnu, le style sublime avec tous ses termes
pompeux et ses figures éclatantes ne donne
pas tant de peine à l'orateur que le style des
epistres familieres de Ciceron, sans effort,
sans affectation et sans bassesse, et où, pour le
dire avec le Tasse, *l'arte qui tutto fa, nullà
si scopre.* Le grand art est de cacher l'art
sous les apparences de la nature.

Le style satyrique doit donc estre clair, et
intelligible par tout. L'autheur de la *Satyre
des Satyres* nous en pourroit donner quelques
exemples. Il sçait assez comment on s'insinuë
dans les esprits, et dit assez nettement ce qu'il
veut dire. Après quelques loüanges à M. le
duc de Saint-Aignan, que la Cour et l'Aca-

démie ont approuvées, il commence ainsi,
ce me semble :

> On ne m'a jamais veu m'entretenir d'autruy
> Qu'à dessein d'approuver le bien qu'on dit de luy;
> Je n'ay jamais esté d'un esprit incommode;
> Je permets que chacun se gouverne à sa mode ;
> Aux affaires d'autruy je prend peü d'interest,
> Et laisse volontiers le monde comme il est.

La description qu'il a faite de la maniere
d'agir du Censeur, de sa vie austere et reglée,
n'est pas mal plaisante.

> Le Censeur sans argent, crotté jusqu'à l'eschine,
> S'en va chercher son pain de cuisine en cuisine;
> Là Frantaupin l'assiste, et, joüant de son nez,
> Chez le sot campagnard gagne de bons disnez :
> Le Censeur à ce jeu répond par sa grimace,
> Et faist en basteleur cent tours de passe passe;
> Puis, ensemble enyvrez et du bruit et du vin,
> L'un sur l'autre tombant, renversent le festin:
> On les donne à Paris, quand on fait chere entière,
> Comme on donne à la Cour et *Tartuffe* et Molière :
> Il n'est comte danois, ny baron allemant,
> Qui n'ait à ses repas un couple si charmant;
> Et, dans la Croix de fer, eux seuls en valent mille,
> Pour faire aux estrangers l'honneur de cette ville.

Il importe pour la prud'hommie, qui ne

veut pas que l'on avance rien de faux, mais
il n'importe pour la recréation du lecteur,
que le Satyrique de profession ait du bien ou
non, et que le galant homme qui le tient en
pension fasse bonne ou mauvaise chere. On
ne se met pas en peine si le nom de Frantaupin est là un nom supposé; il suffit, pour se
divertir, de voir un severe Censeur, avec sa
triste austerité, metamorphosé tout à coup en
joüeur d'orgues et en basteleur chez le petit
Paris, ou chez Guille. Quelque Grec diroit
que c'est là un des traits de la déesse Ne-
mesis, laquelle n'a pu souffrir que Despreaux
fist un parasite de Pelletier, qui void chaque
jour vingt-cinq personnes à sa table, où il
est obligé, pour cause, de presider magistra-
lement. A la verité, il n'y a point de loy qui
défende aux honnestes gens de manger les uns
chez les autres, et les courtisans de la plus
haute volée ne prennent pas chez eux tous
leurs repas : on sçait à Saint-Germain comment en usent les dames mesme; mais il n'y
a point d'honneste homme qui coure les
bonnes tables pour estre le joüet des conviez

et servir de bouffon à la compagnie. Une personne bien née, avec du pain et de l'eau, s'exempteroit de cette infamie.

Je veux croire que cette censure ne touche point le jeune Censeur ; mais la mauvaise humeur du petit bon homme Horace le doit toucher un peu davantage. Il faut que j'avoüe icy un mouvement de tendresse qui m'a surpris en faveur de notre Satyrique : c'est que je n'ay pû m'empescher de vouloir mal, à cause de luy, au poëte Horace, qui s'est mis en teste que la satyre n'est pas poësie, et de plus s'est mis en peine de le prouver [1].

Il ne s'épargne pas luy-mesme, car, en qualité d'homme à satyre, il dit qu'il ne merite pas le nom de poëte. Pour soûtenir un si grand nom, il faut parler le langage des dieux ; il faut des expressions fortes et hardies, et de sublimes pensées ; il faut de belles et d'agréables fictions ; il faut sçavoir inven-

---

1. *Primum ego me illorum, dederim quibus esse poetas,*
   *Excerpam numero.*

(*Sat.*, I, iv.)

ter et imiter parfaitement. Quand mesme on
prend quelque chose de l'histoire, il faut tel-
lement l'embellir et la changer si heureusement, faire un tissu des principaux evene-
ments si admirable, qu'on ait lieu de dire : « Il
ne conte pas en historien, il conte en poëte :
*non humano more, sed poetico loquitur.* » Le
poëte a des machines toutes prestes pour faire
descendre et monter les divinitez quand il luy
plaist : il dispose des cieux et des élemens
à sa fantaisie. Il ne parle point que les anges
et les demons ne luy répondent, selon qu'il a
besoin des uns ou des autres ; il sçait joindre
les choses les plus éloignées de lieu et de
temps, pour former des incidens merveilleux ; il change à son gré la mauvaise en
bonne fortune, et la bonne fortune en mauvaise ; une reconnoissance à point nommé
luy démesle des intrigues où toute la sagesse
du monde auroit eschoüé.

*Magnæ mentis opus currus faciesque deorum*
*Aspicere, et qualis Rutulum confundat Erinnys.*

O petit Phaëthon de la Cour du Palais, ne

pensez pas monter sur le char d'Apollon pour
avoir fait six satyres en toute vostre vie : la
teste vous pourroit tourner. Ne presumez pas
ridiculement de vos forces ; n'enviez point à
nos poëtes épiques, à nos poëtes lyriques, à
nos poëtes tragiques, une gloire où vous n'ar-
riverez jamais, tant que vous ne ferez que
des satyres. Escoutez vostre maistre, il est
persuadé de la sublimité de la poësie avec
Platon, avec Aristote ; il n'a garde d'en profaner les honneurs à un simple satyrique.

> *Neque enim concludere versum*
> *Dixeris esse satis ; neque si quis scribat, uti nos,*
> *Sermoni propiora, putes hunc esse poetam* [1].

Il faut bien avoir un plus grand genie, pour
cela, que

> ...d'habiller en vers une maligne prose [2],

et de rimer quelques mots. Souvenez-vous
donc de rendre l'honneur à qui le merite :

> *Magna sonaturum des nominis hujus honorem.*

---

1. *Sat.*, I, IV.
2. *Ibid.*

Bien loin d'estre le premier des poëtes, vous n'estes pas poëte seulement. Comme je ne plains point ma peine, pour profiter à mon prochain, laissant là toute l'aigreur que la dispute pourroit avoir excité, je ne me lasseray point de vous admonester charitablement; je vous l'ay dit en prose, je veux vous le dire en vers. Voilà, Monsieur le Censeur, ce que peut et ce que doit faire un grand poëte; un poëte qui puisse legitimement se plaindre qu'on accorde à d'autres une recompense qui luy estoit deuë [1].

> Il descend aux enfers, il monte dans les cieux,
> Accoûtume sa veüe aux visages des dieux;
> Il soustient leur presence, et, sçavant aux augures,
> Des peuples et des roys predit les avantures :
> Dans un char triomphant assis avecque Mars,
> Et maistre du destin, il fait grace aux Cesars;
> De l'oubly des tombeaux il sauve leur memoire,
> Et deux vers de sa main valent toute une histoire [2].

J'en estois demeuré là, et j'aurois laissé le soin à quelques-uns de mes amis d'examiner

---

1. Un prix qu'on devoit aux derniers.
2. *Disc. au Roy.*

mon examen, que je leur avois confié, quand,
sans autre faute à ce qu'ils m'ont dit que celle,
de la renommée qui se mesle de tout sçavoir
et de tout dire, on m'est venu advertir dans ma
solitude que chacun me demandoit ma censure du Censeur ; mais, comme il n'est pas
tousjours seur de desabuser le genre humain,
qu'il me falloit preparer à une nouvelle satyre de la part des interessez ; sur cela, pour
divertir le lecteur en l'instruisant autant que
j'en suis capable, je vous feray, s'il vous
plaist, un certain conte dont vous pourrez
aprés faire l'application.

Un des plus galands et des plus polis seigneurs de la Cour demandoit, un jour, au
sage et savant Aristippe pourquoy il n'alloit
plus à la comedie. Aristippe luy répondit
qu'il iroit fort volontiers, si le theatre y estoit
mieux entendu ; si les poëtes dramatiques ne
transferoient point la scene d'une partie du
monde à l'autre, presque à chaque acte, et s'ils
ne faisoient point toute l'histoire de la vie des
principaux personnages en une seule de leurs
pieces, ou si, tout au contraire, les poëtes du

temps, passant d'une extremité à l'autre, ne faisoient quelquefois leur scene d'une seule chambre, où tout estoit si contraint, et si gesné, et si fort contre l'apparence et la possibilité des choses, que durant tout le spectacle l'esprit des spectateurs estoit comme à la torture. « Le moyen, adjoutoit cet homme un peu délicat, que l'on me represente, en trois heures que peut durer la comedie, un si grand nombre d'avantures qu'elles n'arriveroient pas en dix ans; et cela sans suite necessaire, sans liaison et sans dépendance, sans mesler l'intrigue ny la demesler vraysemblablement. Rimer des paroles n'est pas composer une comedie. La comedie est un tableau de la vie humaine, où il faut que la bien-seance soit exactement gardée ; où il faut observer le vray-semblable et le necessaire; où les incidens principaux naissent les uns des autres en telle sorte que chacun d'eux, estant ordinaire et commun, ce qui pourtant resulte de tous ensemble, soit contre l'attente et l'esperance publique. La disposition de la fable, comme diroient les anciens, ou du sujet, est si mauvaise que souvent ce qui ne devroit estre qu'à la fin de la pièce, la catastrophe, arrive au second ou troisiéme acte. Ce n'est pas, continuoit-il, que dans les tragedies de l'Hostel de Bourgogne je ne trouve de belles pensées, d'heureuses expressions, de beaux sentimens, des passions bien poussées, des portraits ou des characteres achevez; mais, laissant à dire que les principaux personnages outrent souvent leur charactere, je souhaiterois que de si belles choses ne fussent point autant de pieces détachées, et que toutes leurs parties fissent un corps. Je desirerois que les Belleroses et les Leandres eussent, s'il estoit possible, un autre Dieu que le gain; qu'ils eussent quelque honneur et quelque gloire. Mais c'est dequoy le comedien se met peu en peine. »

*Gestit enim nummum in loculos demittere; post hoc*
*Securus, cadat an recto stet fabula talo* ¹.

D'abord ce jeune seigneur, auquel Aris-

---

1. Hor., *Epist.*, II, 1.

tippe en avoit tant conté, eust quelque se-
crette complaisance en son cœur de se voir
mieux instruit que d'autres; mais enfin, n'estant ny joüeur, ny chasseur, ny débauché,
et la Cour ne se faisant pas à toutes les heures,
il se trouva fort empesché de sa personne, ne
sçachant plus que devenir. Sa science alors
commença de luy estre à charge; il retourna
voir Aristippe, et luy dit fort plaisamment :
« Au nom des Muses, Monsieur, ou, si vous
l'aimez mieux, au nom de M^me la marquise de
Rambouillet et de M^me Desloges, rendez-moy,
s'il vous plaist, mon ignorance, car je m'ennuye
mortellement. » Il adjoûta, pour le bon du
conte: «Je ne sçay comment je pourray vous
sauver des comediens : ils menacent de vous
joüer à la farce, et ne peuvent plus souffrir
les entraves et les fers que vous donnez à la
comedie; elle qui est si gaye et si enjoüée, et
qui n'est faite que pour le plaisir! » Aristippe
repondit doucement : « La colere de ces messieurs ne me surprend pas; en effet, j'en sçay
un peu trop pour eux, et cela les doit fas-
cher. Je leur abandonne donc ma reputation,

pourveu qu'ils ne m'obligent point de voir
leurs farces. Que peut-on répondre à des gens
qui sont declarez infames par les loix, mesme
des payens? Que peut-on dire contre ceux à
qui l'on ne peut rien dire de pis que leur
nom?

> *Cum crimine turpior omni*
> *Persona est.*

« Gros Guillaume a joué le Parlement et le
Chastelet jusque dans le Louvre; il a joüé
des maréchaux de France et des ducs et pairs;
il a dit de la premiere justice du royaume
qu'il l'avoit prise pour un moulin, parce
qu'il n'y voyoit porter que des sacs. Aprés
cela, que luy ferois-je? Quoy que fassent de
semblables bouffons, je leur pardonne; mais
je ne sçay si certains braves, descendus des
Simons en droite ligne, leur voudront bien
pardonner.

« Vous sçavez, dit-il encore, ce qui arriva
hier au matin : le cardinal de Richelieu
contrefit le duc d'Espernon en sa presence;
aprés l'avoir contrefait assez long-temps, il

luy dit, comme par excuse : « Monsieur, par-
« donnez cette petite liberté entre amis. » Le
duc repondit au cardinal : « Ah ! Monsieur, je
« sçay mon monde ; tous les jours Marais me
« copie devant le Roy, et si ne m'en fais que
« rire. »

Comme les hermites sont gens à revela-
tion, on vient encore de me reveler, dans mon
desert, que le jeune Censeur avoit abjuré la
censure ainsi qu'une heresie civile assez dan-
gereuse ; et que, par une belle reflection sur le
passé et sur quelque petite avanture qu'il
avoit courue depuis quelque temps, il devoit
venir me presenter la seconde édition de ses
Satyres bien revues et bien corrigées ; il sera
le bien venu. En finissant, je veux bien, par
amitié, luy donner cet advis que le vulgaire
n'est pas tousjours celuy que l'on pense :

*Neque te ut miretur turba labores.*

J'ay fait cecy en taillant ma plume pour
escrire sur des controverses un peu plus im-
portantes que ne sont celles du Parnasse : car,
pour rendre compte de mon loisir à ceux

qui sont en droit de me le demander, voicy
à present quel est mon employ :

> D'un genereux transport en mon ame inspiré,
> A l'amour des vertus je me suis attiré ;
> Loin des chemins batus, sans crainte je m'approche
> Du penible sentier de leur superbe roche,
> Où, d'efforts redoublez et de pieds et de mains,
> Je m'esleve, en dépit du reste des humains.
> Des grandes veritez la source m'est connuë :
> Il me plaist de la voir au-dessus de la nuë,
> D'y boire avec les dieux, et d'y cueillir les fleurs
> Qu'un eternel printemps émaille de couleurs.
> Pour couronner mon front, la Sagesse façonne
> De rayons et d'éclairs une illustre couronne,
> Que pas un des mortels ne m'ose disputer,
> Et le Temps ne la void que pour la respecter.

*Chez l'Hermite de Paris,*
*A la Correction fraternelle.*

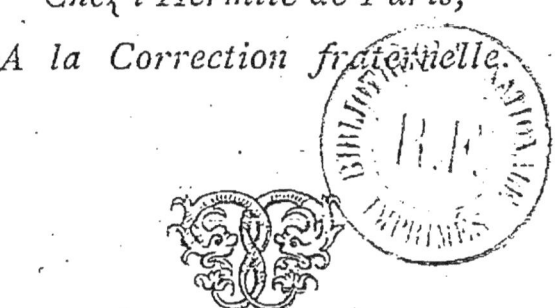

*Imprimé par Jouaust et Sigaux*

POUR LA

NOUVELLE COLLECTION MOLIÉRESQUE

PARIS 1883

www.ingramcontent.com/pod-product-compliance
Lightning Source LLC
Chambersburg PA
CBHW071123260626
47162CB00006B/2434